Heide Rau

Kräuter im Garten

Schönheit, Duft und Nutzen

Praktischer Rat für Anbau, Pflege
und Gestaltung. Mit Tips fürs
Würzen, Trocknen, Einfrieren,
Einlegen.

Farbfotos: Marion Nickig

Zeichnungen: György Jankovics

W0178235

GU GRÄFE
UND
UNZER

Inhaltsübersicht

Ein Wort zuvor

Hier ein Büschel Petersilie, dort ein bißchen Schnittlauch – so muß es im Garten nicht aussehen! Kräuter lassen sich wunderschön kombinieren – miteinander, aber auch mit Gemüse, Blumen, Rosen und Obst. Darüber hinaus bringen sie Duft und Farbe in den Garten sowie delikate Würze und gesundheitsfördernde Inhaltsstoffe auf den Tisch. »Kräuter kennenlernen« lautet die Devise. Heide Rau führt Sie kompetent ein in die Welt der Kräuter, zeigt deren Vielfalt in Anbau, Duft und Nutzen.
»Mit Kräutern gestalten« beinhaltet eine Fülle von Ideen, wie Sie mit Kräutern Ihren Garten verwandeln können. Wie wär's zum Beispiel mit einem Duftweg, einer Kräutertreppe oder Kräutern mitten im Blumenbeet?
»Kräuter-Praxis« vermittelt leicht nachvollziehbar – auch für Einsteiger – das gesamte Know-How der Kräuterpflege. Dazu Anregungen zum Ernten, Konservieren und Verwenden. Brillante Farbfotos der bekannten Pflanzenfotografin Marion Nickig machen Lust aufs Kräutergärtnern. Kräuter versprechen ein Fest für alle Sinne. Viel Spaß und Erfolg dabei wünschen die Autorin und die GU Naturbuch-Redaktion.

Eine Begrüßung eigener Art – Kräuter im Vorgarten.

Beinwell-Blüte.

Dukatenfalter.

Die Autorin

Heide Rau, Studium der Pädagogik, Fachbereiche Biologie und Geschichte. Die passionierte Kräutergärtnerin gibt Kurse an der Volkshochschule über Anbau und Verwendung von Kräutern. Sie pflegt in ihrem Garten eine große Anzahl von verschiedenen Kräuterarten und -sorten.

Dank

Die Autorin dankt Heike Kleineweischede für Anregungen und die Durchsicht des Manuskriptes sowie Daniel Rühlemann und Burghart Koch für wertvolle Hinweise.

Die Fotografin

Marion Nickig, eine führende Pflanzenfotografin, wurde bekannt durch ungewöhnliche Garten- und Blumenfotografien im FAZ-Magazin. Seit über 10 Jahren ist sie für renommierte Garten- und Wohnzeitschriften tätig.

Wichtig: Damit Ihre Freude an Kräutern nicht getrübt wird, beachten Sie bitte die »Wichtigen Hinweise« auf Seite 63.

Kräuter-Vielfalt

Kräuter aus aller Welt geben sich im Garten heute ein Stelldichein. Was unsere Großmütter noch kannten – wir pflanzen es wieder. Und dazu viele Exoten und Raritäten, von denen sie noch gar nicht träumen konnten. Von der Austernpflanze bis zum Zitronenbasilikum – lassen Sie sich von der Vielfalt der Kräuterwelt überraschen!

Foto oben: Salbeiblüten halten Köstlichkeiten für Bienen und Hummeln bereit.
Foto links: So lebendig können Kräuter sein mit ihren unterschiedlichen Blattfarben und Wuchsformen. Stachelbeer-Hochstämmchen und Buchskugeln sind ordnende Elemente in diesem vitalen Miteinander.

Kleines Kräuterwissen

Kräuter sind faszinierende und attraktive Pflanzen. Glücklicherweise braucht man für sie nicht den berühmten »grünen Daumen«, da sie leicht zu ziehen sind. Sie sind wüchsig, in der Regel kaum krankheitsanfällig und nützlich für Mensch, Tier und Pflanzenwelt. Jeder sollte sie in seinen Garten holen und sich an ihrem Aroma, ihrem Duft und ihrer Schönheit erfreuen.

Das Wissen um die Wirksamkeit der Kräuter wurde in jahrhundertelanger Erfahrung gesammelt und weitergegeben und wird heute durch wissenschaftliche Untersuchungen oftmals bestätigt. Geschichtliche Überlieferungen und Legenden von Hexen und heilkundigen Mönchen ranken sich um die Geschichte der Kräuter. Diese historischen Anklänge machen es um so reizvoller, sich auch heute wieder mit den duftenden, wohlschmeckenden und heilkräftigen Kräutern zu beschäftigen. Sei es als Heilpflanzen für Tees, Auszüge oder Inhalationen, als Küchenkräuter zur Würze von Speisen oder als Zierpflanzen, die den Garten schmücken und mit Duft erfüllen.

Was sind Kräuter?

Die Pflanzen, die wir landläufig als Kräuter bezeichnen, sind charakterisiert durch ihren Gehalt an wirksamen Inhaltsstoffen. Botanisch gesehen sind sie jedoch ein sehr gemischtes Völkchen: <u>Einjährige</u> werden im Frühjahr ausgesät, fruchten im selben Jahr und sterben anschließend ab. Dazu zählen Dill (*Anethum graveolens*) und Boretsch (*Borago officinalis*). <u>Zweijährige</u> blühen und fruchten im zweiten Jahr nach ihrer Aussaat. Finden nur die Blätter Verwendung, wie bei Petersilie (*Petroselinum crispum*), wird bereits im Jahr der Aussaat geerntet, verwendet man die Samen, wie bei Kümmel (*Carum carvi*), läßt man die Pflanzen überwintern und zur Blüte kommen. <u>Stauden</u> sind mehrjährige Pflanzen, deren oberirdische, krautige Teile im Winter absterben, während der Wurzelstock im Boden überwintert. Dazu zählen Schnittlauch (*Allium schoenoprasum*), Liebstöckel (*Levisticum officinale*) oder Pfefferminze (*Mentha x piperita*). <u>Halbsträucher</u> sind mehrjährige Pflanzen, die im unteren Bereich verholzen, wie zum Beispiel Lavendel (*Lavandula angustifolia*). <u>Sträucher</u> sind mehrjährige verholzende Pflanzen. Auch

in dieser Gruppe lassen sich Arten mit wirksamen Inhaltsstoffen finden. Rosmarin (*Rosmarinus officinalis*) und Holunder (*Sambucus nigra*) sind bekannte Beispiele. <u>Vielfältige Inhaltsstoffe.</u> In allen Kräutern liegen die Wirk- und Inhaltsstoffe in einem speziellen Mischungsverhältnis vor. Jedes Kraut hat seine eigene Wirkstoffzusammensetzung. Zu den typischen Inhaltsstoffen zählen:

• Bitter- und Gerbstoffe,
• Farbstoffe,
• Schleimstoffe,
• ätherische Öle,
• Saponine,
• Glykoside,
• Alkaloide,
• Vitamine,
• Mineralien,
• Spurenelemente.

<u>Allzuviel ist ungesund.</u> Stoffe, die niedrig dosiert gesundheitsfördernd wirken, können in hoher Dosierung äußerst schädlich oder giftig sein. Deshalb Hände weg von bekannten Giftpflanzen, wie zum Beispiel Fingerhut (*Digitalis*-Arten) und Tollkirsche (*Atropa belladonna*). Ihre Giftigkeit ist so hoch, daß der Verzehr zum Tode führen kann. In diesem Buch beschränken wir uns ausschließlich auf Kräuter, die, in Maßen verwendet, nicht schädlich, sondern gesundheitsförderlich sind (→ Wichtige Hinweise, Seite 63).

Kräuter bringen Duft und Farbe in den Garten – hier farbenfrohe Ringelblumen und duftender Lavendel.

Warum duften Kräuter?

Der typische Duft der Kräuter ist vor allem auf ihren Gehalt an ätherischen Ölen zurückzuführen. Diese finden sich in Blüten wie auch in Bättern. Oft ist das Blattaroma vor der Blüte am intensivsten. Bei manchen Kräutern werden aber speziell die Blüten gesammelt, wie bei Lavendel, Kamille und Johanniskraut. In der Wärme eines Sommertags werden die leicht flüchtigen ätherischen Öle der Kräuter deutlich wahrnehmbar. Auch nach einem warmen Sommerregen ist die Luft im Garten von Kräuterdüften erfüllt. Durch Wind, Bewegung oder Berührung werden die Duftmoleküle freigesetzt. Sie verbinden sich mit Sauerstoff und entfalten so das typische Duftbukett. Bei manchen Kräutern erschließt es sich allerdings erst durch das Reiben von Blättern oder Blüten.

Mein Tip: Wenn Sie noch Anfänger in Sachen Kräuter sind, sollten Sie immer wieder durch Zerreiben, Riechen und Schmecken Ihre Kräuter erkunden.

*K*räuterblüten
sind filigrane
Kunstwerke der
Natur. Manche
Schönheit zeigt
sich erst aus der
Nähe, wie die
weißrosa Blüten
des Herzge-
spanns (Leonurus
cardiaca).

So schön sind Kräuterblüten

Kräuterblüten sind nicht so spektakulär wie hochgezüchtete Blumenhybriden, die immer größer, schöner und bunter gewünscht werden. Ihre zarten Blüten in Pastelltönen sind in Pflanzenkombinationen zurückhaltende Partner von natürlichem Reiz. Lavendel (*Lavandula angustifolia*), Salbei (*Salvia officinalis*) und Thymian (*Thymus vulgaris*) verstärken als Begleitpflanzen von Rosen und Stauden deren romantischen Charakter, ohne selbst zu stark hervorzutreten.

Es gibt aber auch farbkräftige Kräuterblüten, wie die in leuchtendem Rot blühende Indianernessel (*Monarda didyma*) oder die sonnenfarbigen Ringelblumen (*Calendula officinalis*). Sie passen in bunte Sommerblumenbeete, aber auch im Kräutergarten setzen sie leuchtende Akzente.

<u>Blütenformen und -farben:</u>
Kräuterblüten sind äußerst vielfältig. Es gibt
• Einzelblüten in Gelb, Rot, Orange bei der Kapuzinerkresse (*Tropaeolum majus*),
• Körbchenblüten in Orange und Gelb bei Ringelblumen (*Calendula officinalis*),
• blaue Ähren beim Lavendel (*Lavandula angustifolia*),
• Blütenquirle in Blau beim Salbei (*Salvia officinalis*)

oder in Weiß bei der Zitronenmelisse (*Melissa officinalis*),
• Dolden in Gelb beim Fenchel (*Foeniculum vulgare*) oder in Weiß beim Kümmel (*Carum carvi*).

<u>Kräuterblüten und Insekten.</u>
Blütenfarbe und Duft sind nicht in erster Linie für den Menschen gedacht. Sie signalisieren vielmehr den Insekten, daß hier der Tisch mit Pollen und Nektar für sie gedeckt ist. Bienen, Hummeln und Schmetterlinge fliegen emsig von Blüte zu Blüte und sammeln überall ein Tröpfchen Nektar ein. Dabei sorgen sie gleichzeitig für die Bestäubung der Blumen, indem sie die Pollen von einer Pflanze zur anderen übertragen. Schmetterlinge bevorzugen Lavendel, Thymian und Salbei. Absolute Lieblingspflanze aber ist der Oregano (*Origanum vulgare*), auch Dost genannt (→ Foto, Seite 45 unten). Bienen und Hummeln tummeln sich ebenfalls geschäftig summend auf den Blüten. Vor allem in den warmen Mittagsstunden ist der Kräutergarten ein beliebtes Ziel vieler Insekten.

Mein Tip: Pflanzen Sie den im Hochsommer blühenden und sich reichlich aussäenden Oregano ruhig verstreut im gesamten Gartenbereich. So werden Sie überall tanzende Schmetterlinge sehen – der Garten wird lebendig.

Kräuterblüten in der Küche

Ein neuer Trend in der Naturküche sind Salate, Desserts und Suppen, dekoriert mit eßbaren Blüten. Beliebt sind vor allem die Blüten von Schnittlauch, Fenchel, Ringelblumen und Kapuzinerkresse für herzhafte Salate, Salbei, Lavendel, aber auch die leuchtend roten Blüten der Indianernessel fürs Dessert. Sie sind in der Regel nicht so kräftig im Geschmack wie die Blätter und würzen daher etwas zurückhaltender. Wer den Gedanken ungewöhnlich findet, Blüten zu essen, sollte nur einmal an Kamillenblüten in Kräutertees oder an die großen »Blüten« aus dem Gemüsereich wie Broccoli, Blumenkohl und Artischocken denken, die alle mit Selbstverständlichkeit verzehrt werden. Unsere Großmütter verwendeten noch häufig Blüten in der Küche: kandierte Veilchen, mit Rosenwasser hergestelltes Marzipan, Kapuzinerkresseblüten an Salaten.

Heutzutage ist vieles davon in Vergessenheit geraten, und man hat verlernt, die vielfältigen Schätze der Natur zu nutzen. Dabei braucht es gar keine exotischen Früchte, um Obstteller und Desserts zur Augenweide zu machen – ein paar Kräuterblüten genügen!

Traditioneller Kräutergarten mit klassischer Wegaufteilung, Buchseinfassungen und Mittelpunkt-Rondell.

Historische Kräutergärten

Die erste historische Erwähnung von Kräutergärten stammt von Karl dem Großen (742–814 nach Christus), der in seiner berühmten Landgüterverordnung »Capitulare de villis« viele der heute noch gebräuchlichen Heil- und Gewürzkräuter aufführen ließ. Die Pächter Karls des Großen wurden angehalten, Kräuter wie Kerbel, Dill, Bohnenkraut, Fenchel, Estragon, Minze, Liebstöckel, Rosmarin und viele andere mehr in den Landgütern anzupflanzen. Aber auch Lilien, Iris, Malven und Rosen gehörten in diese Liste. Sie standen dort nicht nur ihrer Schönheit wegen, sie wurden vor allem medizinisch genutzt.

Schön sollten die Kräuteranpflanzungen jedoch auch sein. Ästhetische Aspekte fehlen in keinem der alten Klostergärten und Landgüter. Von den historischen Kräutergärten sind nur noch wenige erhalten geblieben, viele grundlegende Ideen wurden jedoch durch die Generationen weitergegeben. In modernen Kräutergärten werden diese alten gärtnerischen Traditionen wieder lebendig. Wenn ausreichend Platz zur Verfügung steht, ist ein Kräutergarten nach historischem Vorbild als Blickpunkt im Garten immer ein Gewinn.

Das gehört zu einem typischen Kräutergarten:

• Mauern oder Hecken aus Eibe und Liguster geben Sicht- und Windschutz, sie umschließen und trennen. Hecken geben dem Garten auch im Winter Struktur, wenn die Kräuter Winterruhe halten.

• Im Mittelpunkt der Anlage können eine Sonnenuhr, ein beruhigend plätschernder Springbrunnen, eine Vogeltränke, eine Buchsbaumkugel, ein Rosen- oder Stachelbeerbäumchen stehen. Sie bilden auch im Winter noch einen Blickpunkt für das Auge.

• Vom Mittelpunkt aus führen Wege in den Kräutergarten, die die Fläche in einzelne Beete unterteilen. Bei der klassischen Aufteilung durch ein Wegekreuz (→ Zeichnung, Seite 12) ergeben sich vier Beete, die das Mittelpunkt-Rondell umgeben.

• Praktisch ist eine mehrfache Unterteilung dieser Beete. So lassen sie sich abschnittsweise leichter gestalten. Auch dreieckige Beete sind leicht zugänglich und übersichtlich.

• Die Beete sind oftmals von niedrigen Hecken aus Buchsbaum umsäumt, die ein geschütztes Kleinklima für die Kräuter erzeugen, aber auch den üppigen Pflanzen einen optischen Halt geben.

• Bänke im Kräutergarten laden zur Muße ein.

Renaissance der Kräuter

Im 20. Jahrhundert wurden die mittelalterlichen Kräutertraditionen und die klassischen Kräutergärten wieder modern. Besinnung auf alte Heiltraditionen und wachsende Skepsis gegenüber synthetischer Chemie riefen neues Interesse hervor. Nicht nur als Heilkräuter, auch als Küchenkräuter erleben viele Pflanzen eine Renaissance. Gourmetköche würzen ihre Drei-Sterne-Kreationen mit Kräutern, kochbegeisterte Amateure machen es ihnen nach. Dazu braucht man einen gutbestückten Markt, oder noch viel besser: Man zieht die Kräuter selbst im Garten.

Es muß nicht immer ein komplett angelegter Kräutergarten sein, schon ein einzelnes Beet kann den Garten wie den Küchenzettel bereichern. Von den vielen verschiedenen Möglichkeiten sollen einige beliebte Formen hier kurz vorgestellt werden.

Klassische Beetformen

Einfache Kreuzform
Ein Mittelweg in Kreuzform erschließt die einfachste Form des Kräutergartens. Die von Mauern oder Hecken umgebene formal strenge Anlage mit ihren geraden Linien und immergrünen Buchshecken strahlt wohltuende Ruhe und Ordnung aus.

Rautenform
Symmetrisch angeordnete dreieckige Beete ergänzen sich zu einer attraktiven Rautenform. Die Beete sollten nicht breiter als 1 m sein, dadurch sind die Kräuter von allen Seiten leicht zugänglich. Feinkörniger Kies als Wegbelag wirkt edel, Natursteinpflaster oder Ziegel sehen natürlich aus.

Kreuzform mit Rondell
Das Rondell im Schnittpunkt des Wegkreuzes macht diese Beetaufteilung nach klösterlichem Vorbild besonders reizvoll.
Blickpunkt in der Mitte kann ein Brunnen, eine Sonnenuhr oder ein mit Kräutern und Rosen bepflanztes Beet sein.

Obstgarten mit Kräutern.
Obstbäume, an Spalieren gezogen, lassen sich sehr gut mit Kräutern kombinieren. Das Obst wie auch die Kräuter entwickeln an warmen Sommertagen Duft und Aroma. Noch sonnenwarme Birnen, mit Kräuterfrischkäse serviert – eine Zusammenstellung, die Appetit macht! Hinter bewachsenen Steinmauern ist solch ein Garten besonders geschützt.

Üppiger Bauerngarten.
Etwas weniger formal kann es in Bauerngärten zugehen. Hier quillt im Sommer die Bepflanzung über alle Begrenzungen, leuchten Ringelblumen, Boretsch, Rosen und Königskerzen um die Wette. Eine solche Mischung sieht üppig und fröhlich aus!

Einzelne Kräuterbeete.
Für Eilige ist ein Kräuterbeet auf der Terrasse oder in Terrassennähe ideal. Man spart weite Wege in den Garten und wird so – weil es schneller geht – die Kräuter häufiger nutzen. Weitere Vorteile:
• Die steingepflasterte Terrasse gibt die Wärme an die Pflanzen ab. Das gefällt besonders den mediterranen Kräutern, deren Aroma sich intensiver entwickelt, wenn sie sonnig und möglichst trocken stehen.

Moderner Kräutergarten mit bunt-gemischter Pflanzung, der strenge Buchshalbkugeln Struktur verleihen.

• Ist die Terrasse von Mauern umgeben, so findet man eine Situation vor wie in alten Klostergärten: ein Ort der Ruhe und Entspannung, und der Kräuterduft wird in den Mauern gehalten.

• Kräuterbeete müssen nicht immer viereckig sein. Eine Aufteilung in Segmente (wie Kuchenstücke geformt) ist reizvoll und praktisch zugleich.

Mein Tip: Pflanzen Sie aromatisch duftende Kräuter möglichst nahe an viel begangene Wege. Bei jeder Berührung und bei jedem Windhauch können Sie so ihren Duft genießen: Aromatherapie im Vorübergehen!

<u>Weitere Gestaltungsbeispiele</u> mit Kräutern, Rosen, Blumen und sogar mit Gemüse finden Sie im Kapitel »Mit Kräutern gestalten« (→ Seite 27ff.). Es gibt fast keine Gartensituation, in der Kräuter nicht eine bereichernde Rolle spielen

könnten. Lassen Sie sich verzaubern und anregen, mit Kräutern zu leben!

Mein Tip: In England, Holland und Belgien gibt es eine Reihe von sehenswerten Privatgärten, in denen Sie zu bestimmten Öffnungszeiten die vielfältigen Gestaltungsmöglichkeiten mit Kräutern bewundern können (→ Adressen, Seite 63).

1 Liebstöckel.

Beliebte Küchenkräuter

Von Petersilie und Schnittlauch, die jeder hat, bis zu alten Bekannten, die gerade neu entdeckt werden, wie Tripmadam und Pimpinelle, reicht die Palette der bekannten und beliebten Küchenkräuter, die in keinem Garten fehlen sollten.

2 Schnittlauch bildet attraktive, rosa-violette Blütenbällchen.

3 *Die Pimpinelle ist eine zierliche Staude, die auch im Winter grün bleibt.*

5 *Estragon wird bis zu 1,50 m hoch.*

4 *Filigraner, weißblühender Kerbel.*

6 *Boretsch mit blauen Blütensternen.*

1 Liebstöckel

Levisticum officinale
Foto, Seite 14

Winterhartes, anspruchs-
loses Würzkraut.
<u>Herkunft:</u> Südeuropa.
<u>Aussehen:</u> 180 bis 200
cm hoch. Glänzend grü-
ne, derb gefiederte Blät-
ter, nach Maggi duftend.
Gelblich-grüne Blüten
im Juni/Juli. <u>Standort:</u>
Halbschattig. Nährstoff-
reicher, feuchter Boden.
<u>Pflege:</u> Mit Kompost
düngen. Anspruchslos.
<u>Verwendung:</u> Frische
oder getrocknete Blätter
in Suppen, Eintöpfen.
Junge Blättchen in
Salatsaucen und zu Kar-
toffeln. Samen als Brot-
gewürz und in Pasteten.
<u>Gestaltung:</u> Liebstöckel
steht gut am Rand eines
Gemüsegartens oder
Kräuterbeetes. Er paßt
auch in halbschattige
Strauch- und Staudenra-
batten.

2 Schnittlauch

Allium schoenoprasum
Foto, Seite 14

Winterharte Staude mit
dekorativen kugeligen
Blüten.
<u>Sorten:</u> Grobröhriger
Schnittlauch (*A. schoe-
noprasum* 'Grolau').
<u>Herkunft:</u> Europa, Asien.
<u>Aussehen:</u> 15 bis 30 cm
hoch. Grasähnliche Blät-
ter. Rosa-violette Blü-
tenköpfe im Juni/Juli.
<u>Standort:</u> Sonnig bis
halbschattig. Nährstoff-

reicher, etwas feuchter Boden.
<u>Pflege:</u> Aussäen oder teilen. Sät
sich auch selbst aus. <u>Verwen-</u>
<u>dung:</u> Beliebtes Küchengewürz zu
Suppen, Saucen, Gemüsen. Blü-
ten sind milder als das Blatt, aus-
gezupft zieren sie Salate und
Kräuterbutter. Nur frisch verwen-
den. Zum Einfrieren geeignet.
<u>Gestaltung:</u> Als Beetrandpflanze
im Blumenbeet und zu Rosen.
Mein Tip: Ähnlich in den
Ansprüchen und in der Verwen-
dung sind viele weitere *Allium-*
Arten, zum Beispiel *A. tuberosum*
'Knolau' oder *A. fistulosum*, die
Winterhecke.

3 Pimpinelle

Sanguisorba minor
Foto, Seite 15

Mehrjährige, zierliche Staude.
<u>Herkunft:</u> Mittel- und Südeuropa.
<u>Aussehen:</u> 30 bis 40 cm hoch.
Ovale, unpaarig gefiederte Blättchen mit gezähntem Rand, kugelige rote Blüten an langen Stengeln. <u>Standort:</u> Sonnig bis halbschattig. Trockener, kalkhaltiger
Boden. <u>Pflege:</u> Blütenstände vor
der Blüte entfernen. Häufig
schneiden, damit junge Blätter
nachwachsen. <u>Verwendung:</u>
Schmeckt frischwürzig nach Gurken und Nüssen. Zu Salaten,
Lachs, Eiern, Suppen, Saucen, in
kalte Getränke. Nur junge, zarte
Blätter verwenden. Einfrieren ist
möglich. <u>Gestaltung:</u> Pimpinelle
bleibt auch im Winter grün. In
den Kräutergarten oder in Gemüsebeete pflanzen. Wegen der
schönen Blattwirkung als Vor-
pflanzung im Blumengarten.

7 *Tripmadam ist sehr genügsam.*

8 *Gelb-grüne Ingwer-Minze.*

9 *Zitronenmelisse.*

4 Kerbel

Anthriscus cerefolium
Foto, Seite 15

Zierliches, einjähriges Würzkraut.
<u>Herkunft:</u> Südosteuropa. <u>Ausse-</u>
<u>hen:</u> 30 bis 50 cm hoch. Weiche,
gefiederte Blättchen. Weiße Blüten im Juni. <u>Standort:</u> Halbschattig. Feuchter Boden. <u>Pflege:</u>
Keimt nur bei Temperaturen unter
15 °C, deshalb nur im Frühjahr
und Herbst aussäen. Lichtkeimer,
Saat nicht mit Erde bedecken.
An einem günstigen Platz sät er
sich reichlich selbst aus. <u>Verwen-</u>
<u>dung:</u> Die Blättchen mit Anis-
aroma würzen Salate, Eier, Käse.
Sehr gut zu Lachs. Beliebt als
Kerbelsuppe, veredelt auch eine
Kartoffelsuppe. Zarte, junge
Blättchen vor der Blüte verwenden. Einfrieren ist möglich.
<u>Gestaltung:</u> Kerbel in Salatreihen
hält Schnecken fern. Auch zu
Bohnen und Radieschen. Wächst
gut im Topf.

5 Estragon

Artemisia dracunculus
Foto, Seite 15

Winterharte, aromatische Staude.
<u>Herkunft:</u> Süd- und Mittelasien.
<u>Aussehen:</u> 60 bis 150 cm hoch.
Stengel buschig verzweigt mit
schmalen Blättchen. Myrteähnli-
che, hellgrüne Blüte von August
bis Oktober. <u>Standort:</u> Sonnig bis
halbschattig. Humusreicher, frischer Boden. <u>Verwendung:</u> Feine
Würze zu Tomaten, Salaten, Saucen, Kräuterbutter. Hervorragend
zum Aromatisieren von Essig.
Nur frisch verwenden, Trocknen
nicht empfehlenswert. Einfrieren
ist möglich. <u>Gestaltung:</u> Paßt gut
zu kompakten Pflanzen, zum
Beispiel zu Salbei. Auch am Fuß

einer Kletterrose findet er noch gut Platz.
Mein Tip: Besonders aromatisch ist *A. dracunculus* var. *sativa,* der Französische Estragon.

6 Boretsch
Borago officinalis
Foto, Seite 15

Dekoratives einjähriges Kraut mit himmelblauen Sternblüten. <u>Herkunft:</u> Südeuropa. <u>Aussehen:</u> 50 bis 80 cm hoch. Meist blaue, manchmal rosa Blüten, von Juni bis zum Herbst. Ovale, rauh behaarte Blätter. <u>Standort:</u> Sonnig, verträgt etwas Schatten. Alle Böden. <u>Pflege:</u> Sät sich selbst aus. <u>Verwendung:</u> Schmeckt frisch und leicht nach Gurken. Blätter feingehackt zu Salaten, zu Käse und auf dem Butterbrot. Blüten als Dekoration zu Salaten und in Getränken. Nur frisch verwenden. <u>Gestaltung:</u> Paßt gut zu roten oder weißen Rosen.

7 Tripmadam
Sedum reflexum
Foto, Seite 16

Winterharte Staude, häufig als Zierpflanze in den Gärten. <u>Herkunft:</u> Mitteleuropa. <u>Ausse-hen:</u> 30 cm hoch. Am Boden auf-liegende Triebe mit nadelähnli-chen, blau-grünen Blättern. Gelbe Blüten von Juli bis August. <u>Stand-ort:</u> Sonnig. Trockene, magcrc Böden. <u>Pflege:</u> Anspruchslose Pflanze. Vermehrung durch Ab-leger. <u>Verwendung:</u> Mild-säuerli-cher Geschmack. Zu Salaten, mit Butter zu jungen Kartoffeln. <u>Gestaltung:</u> Ideal für Mauern und Beeträder. Schön auch in Töpfen.

8 Minze
Mentha
Foto, Seite 16

Mehrjährige, duftende Kräuter. <u>Arten/Sorten:</u>
• Orangenminze
(*Mentha x piperita* 'Citrata')
• Pfefferminze
(*Mentha x piperita*)
• Edelminze (*Mentha x gentilis*)
• Ingwerminze
(*Mentha x gentilis* 'Variegata')
• Apfelminze
(*Mentha suaveolens* 'Bowles')
<u>Aussehen:</u> 30 bis 80 cm hoch. Blätter variieren je nach Art und Sorte von hellgrün bis rötlich gea-dert, von weiß- bis gelbpana-schiert. Schöne lavendelfarbige Ährenblüten bei 'Bowles Apfel-minze'. <u>Herkunft:</u> Europa. <u>Stand-ort:</u> Halbschattig. Leicht feuchter Boden. <u>Pflege:</u> Durch Teilung vermehren. Wurzelausläufer kön-nen lästig werden. <u>Verwendung:</u> Die aromastarken Minzen, *M. piperita* und *citrata*, für Tee, die milderen, *M. gentilis* und *M. sua-veolens*, in der Küche, zu Saucen, Gemüsegerichten, Salaten, Süßspeisen. <u>Gestaltung:</u> Duftweg mit verschiedenen Minzenarten. Die panaschierten Sorten passen gut ins Blumenbeet. <u>Warnung:</u> Minze nicht regelmäßig und nicht in zu großen Mengen verwenden. Nicht für Kleinkinder!

9 Zitronenmelisse
Melissa officinalis
Foto, Seite 16

Winterharte, nach Zitronen duf-tende Staude. <u>Sorten:</u> Gelbbunte Melisse ('Va-riegata'). <u>Herkunft:</u> Mittelmeer-länder, Vorderasien. <u>Aussehen:</u> 50 bis 100 cm hoch. Hellgrüne Blättchen, auch gelbpanaschiert. Blüte weiß, unscheinbar, von Juni bis August. <u>Standort:</u> Volle Sonne bis leichter Schatten. Trockene wie auch feuchte Böden. <u>Pflege:</u> Vermehrung durch Teilung. Sät sich leicht selbst aus. <u>Verwen-dung:</u> Zu Gemüse, Geflügel, Fisch, Salat, in Fruchtsalat und Marmelade. Frische, zarte Blätt-chen jederzeit verwenden, für den Teevorrat kurz vor der Blüte ern-ten. Einfrieren möglich. <u>Gestaltung:</u> Die zarten Melissen-blätter wirken dekorativ neben derben, kräftigen Meerrettichblät-tern.

10 Bohnenkraut
Satureja

Aromatisches Würzkraut. <u>Arten:</u> Bergbohnenkraut (*S. mon-tana*), Einjähriges Bohnenkraut (*S. hortensis*). <u>Herkunft:</u> Mittel-meerländer. <u>Aussehen:</u> 10 bis 50 cm hoch. Würzige, schmale Blättchen, bei *S. hortensis* etwas gerundeter. Blüte rosa bis rosalila im Juni/Juli. <u>Standort:</u> Sonnig. Gut drainierter Boden. <u>Pflege:</u> Aussaat von *S. hortensis* im Mai. *S. montana* im späten Frühjahr schneiden. Vermehrung durch Absenker und Triebstecklinge. Benötigt etwas Winterschutz. <u>Verwendung:</u> Bohnenkraut kann als salzsparende Würze zu Hül-senfrüchten, besonders zu Bohnen, gegeben werden, auch zu Suppen. Es wird mitgekocht, macht schwere Speisen leichter verdaulich. Während der Blüte ernten. Behält Würzkraft auch beim Trocknen. <u>Gestaltung:</u> *S. montana* paßt gut zu Thymian-Sorten und Lavendel. *S. hortensis* zu Bohnen und in den Gemüse-garten.

1 *Kapuzinerkresse.*

Mediterrane und exotische Kräuter

Wie einst die Mittelmeerkräuter Salbei, Rosmarin und Thymian in den Klostergärten Einzug hielten, so finden heute exotische Fremdlinge aus aller Herren Länder in unseren Gärten Platz. Basilikum und Austernpflanze zum Beispiel sind Favoriten, die seit noch nicht allzulanger Zeit die Kräuterpalette bereichern.

2 *Fast wie ein Strauch – der bis zu 2 m hohe Bronzefenchel.*

3 Rosmarin – zartblaue Blüten und hocharomatische Nadeln.

4 Die Weinraute blüht im Juni/Juli.

5 Duftender Thymian-Teppich.

6 Salbei – ein beliebter Rosenbegleiter.

1 Kapuzinerkresse
Tropaeolum majus
Foto, Seite 18

Einjährige, dekorative Pflanze. <u>Sorte:</u> 'Alaska': gelbgrün panaschiert. <u>Herkunft:</u> Peru. <u>Aussehen:</u> 40 bis 300 cm lange Triebe. Niedrige und kletternde Sorten. Blaugrüne, schildförmige Blätter. Leuchtend gelbe, rote und orangefarbene Blüten von Mai bis zum Frost. <u>Standort:</u> Sonnig bis halbschattig. Nicht zu nahrhafter Boden, gut drainiert. <u>Pflege:</u> Sehr frostempfindlich, erst ab Mitte Mai im Freien aussäen oder in Töpfen vorziehen. <u>Verwendung:</u> Kresseartiger, pfeffriger Geschmack. Blätter und Blüten sind pikant in Salaten. Die unreifen grünen Samen wie Kapern einlegen. Nur frisch verwenden. <u>Gestaltung:</u> Schön zu Tomaten und Ringelblumen. Dekorativ in Töpfen.

2 Fenchel
Foeniculum vulgare
Foto, Seite 18

Dekorative, mehrjährige Gewürzpflanze. <u>Sorten:</u> 'Atropurpureum' (Bronzefenchel → Foto, Seite 18). <u>Herkunft:</u> Mittelmeerländer. <u>Aussehen:</u> 150 bis 200 cm hoch. Feingefiederte, frischgrüne Blätter. Gelblichgrüne Doldenblüten im

Sommer. Standort: Sonnig. Kalkhaltiger Boden, leicht feucht. Pflege: Aussaat im späten Frühjahr. Sät sich reichlich selbst aus. Verwendung: Blätter frisch während der Saison, Samen im Herbst. Blätter und Blüten schmecken etwas süßlich nach Anis und passen hervorragend zu Fisch, Tomaten und Käse. Samen als Tee und Brotgewürz. Gestaltung: Zu Dahlien, Rosen, Glockenblumen. Schön zu gelben Strauchrosen.

3 Rosmarin
Rosmarinus officinalis
Foto, Seite 19

Stark duftender, immergrüner Strauch, beliebt als Kübelpflanze. Herkunft: Mittelmeerländer. Aussehen: 60 bis 90 cm hoch. Leicht silbrige, nadelähnliche Blätter. Lilafarbene Blüten, auch weiß und rosa, von März bis Juni. Standort: Volle Sonne, verträgt etwas Halbschatten. Kalkhaltiger, gut drainierter Boden. Pflege: Als Kübelpflanze kühl und hell überwintern. Kann im Sommer in den Garten ausgepflanzt werden, mit Winterschutz in milden Gegenden auch winterhart. Vermehrung durch Stecklinge und Absenker. Verwendung: Gewürz zu Lamm, Kartoffeln, Gemüse. Frische Blätter können jederzeit verwendet werden, zum Trocknen vor der Blüte pflücken. Gestaltung: Ausgepflanzt zu Rosen, Lavendel und Thymian. Auch im Kübel.

4 Weinraute
Ruta graveolens
Foto, Seite 19

Winterharte Heil- und Zierpflanze mit herbaromatischem Duft.

Sorte: 'Jackman's Blue' mit blaubereiften Blättern. Herkunft: Mittelmeerländer. Aussehen: 30 bis 90 cm hoch. Blaugrüne, gefiederte Blätter. Gelbe Blüten im Juni/Juli, schöne, kantige Samenstände. Standort: Sonnig, toleriert etwas Schatten. Gut drainierter, kalkhaltiger Boden. Pflege: Im Frühjahr kräftig zurückschneiden. Sät sich selbst aus. Verwendung: Für Kräuterbutter, Hackfleisch, Kartoffelsuppe, Frischkäse. Gestaltung: Schön zu gelben Rosen oder als niedrige Hecke. Warnung: Nur kleine Mengen nehmen. Nicht in der Schwangerschaft. Kann Hautallergien auslösen.

5 Thymian
Thymus
Foto, Seite 19

Niedrige bis kriechende Halbsträucher mit aromatischem Duft. Arten:
• Gartenthymian (*T. vulgaris*)
• Quendel (*T. serpyllum*)
• Zitronenthymian
(*T. x citriodorus*)
Aussehen: 10 bis 30 cm hoch. Schmale Blättchen, rosa Blüten von Mai bis September. Herkunft: Mittelmeerländer. Standort: Vollsonnig und trocken. Pflege: Leichte Vermehrung durch Absenker. Nach drei Jahren Pflanze ersetzen. In rauhen Gegenden Winterschutz. Verwendung: Zum Würzen von Suppen, Gemüse, Fleisch, Geflügel, Fisch. Zitronenthymian für Süßspeisen. Blätter jederzeit pflücken, für den Vorrat kurz vor der Blüte. Läßt sich gut trocknen. Gestaltung: Als Beetrandstaude, unter Rosen, für Steingärten, Fugen, Mauern.

6 Salbei
Salvia officinalis
Foto, Seite 19 und 29

Winterharter, aromatisch duftender Halbstrauch.
Sorten:
• 'Ictarine': gelbbunt
• 'Purpurascens': purpurrot
• 'Tricolor': weißbunt
• 'Berggarten': graulaubig
Herkunft: Mittelmeerländer. Aussehen: Weiche, silbrige Blätter, von schmal-lanzettlich bis breit. Schöne hellblaue Blüte im Frühjahr. Standort: Sonnig. Trockener, kalkhaltiger Boden. Pflege: In rauhen Gegenden Winterschutz, Rückschnitt im Frühjahr. Verholzt stark nach dem dritten Standjahr, deshalb durch Stecklinge und Absenker für Nachwuchs sorgen. Verwendung: Herb-würzig mit leichtem Kampferaroma. Zu Fleisch, Schinken, Nudelgerichten. Gestaltung: Klassischer Rosenbegleiter. Ausdrucksvoll im Kräutergarten, aber auch in der Staudenrabatte.

7 Oregano, Dost
Origanum vulgare
Foto, Seite 27

Aromatische, winterharte Staude.
Sorten:
• 'Aureum': goldfarben
• 'Compactum': Zwergoregano
• 'Erntedank'
• 'Herrenhausen' (→ Foto, Seite 27)
Herkunft: Südeuropa, Asien. Aussehen: 15 bis 50 cm hoch. Grüne Blättchen. Blüte weißlich oder rosa bis lila, von Juli bis September. Standort: Sonnig, warm. Kalkhaltiger Boden. Pflege: Vermehrung durch Wurzelausläufer, sät sich leicht selbst aus. Verwen-

Ensemble mit Zitronenbasilikum (Mitte), Austernpflanze (vorne rechts).

Herkunft: Subtropen. <u>Aussehen:</u> 20 bis 60 cm hoch. Lindgrüne oder rötliche, zarte Blätter, Blüte weißlich-rosa. <u>Standort:</u> Sonnig, warm. Boden humos und nährstoffhaltig. <u>Pflege:</u> Nicht vor Ende Mai aussäen oder pflanzen, da frostempfindlich. Lichtkeimer, Samen nicht mit Erde bedecken. <u>Verwendung:</u> Zu Tomaten, auch an Süßspeisen. Frisch verwenden oder in Essig und Öl konservieren. Zum Einfrieren geeignet. <u>Gestaltung:</u> Rotes Basilikum belebt den Gemüsegarten. Schön zu *Tagetes tenuifolia* oder zu Ringelblumen. Auch für Topfkultur. **Mein Tip:** Zitronenbasilikum (*O. americanum,* → Foto links) wird genauso gepflegt, schmeckt leicht nach Zitrone.

10 Lavendel
Lavandula angustifolia
Foto, Seite 7

Intensiv duftender, dekorativer Halbstrauch.
<u>Herkunft:</u> Mittelmeerländer. <u>Aussehen:</u> 30 bis 60 cm hoch. Silbriggraue, nadelförmige Blätter. Blüte hellblau bis dunkelblau, auch rosa und weiß, im Juni/Juli. <u>Standort:</u> Volle Sonne. Trockener, kalkhaltiger Boden. <u>Pflege:</u> Schnitt im Frühjahr, zweiter Schnitt nach der Blüte. Vermehrung durch Triebstecklinge. Winterhart. <u>Verwendung:</u> Blüten für Duftmischungen, Duftkissen und Tees. Als Gewürz in provencalischer Kräutermischung, zu Desserts. Trocknen zu Blütebeginn. <u>Gestaltung:</u> Zu Rosen, im Kräutergarten, als Mauerpflanze.

dung: Als Pizzagewürz, zu Gemüse, Fleisch, Suppen. Ernte vor der Blüte, auch getrocknet sehr aromatisch. <u>Gestaltung:</u> Als Unterpflanzung unter Obstbäumen. 'Aurea' zu blauen *Viola tricolor.*

8 Austernpflanze
Mertensia maritima
Foto, oben

Blaubereifte, winterharte Staude. <u>Aussehen:</u> 20 cm hoch. Blaue Blüten von Juli bis September. <u>Herkunft:</u> Nordschottland, Küstenpflanze. <u>Standort:</u> Sonnig bis halbschattig, hohe Luftfeuchte. Boden nicht frisch gekalkt. <u>Pflege:</u> Vor Schnecken schützen.

<u>Verwendung:</u> Blätter und Stiele schmecken nach Austern und Anchovis. An Salate und Rohkost, als Garnitur zu Lachs. Frisch verwenden, Farbe verliert sich beim Erhitzen. <u>Gestaltung:</u> Attraktiv in Töpfen neben gelb oder orange blühenden Gewürztagetes (*Tagetes tenuifolia*).

9 Basilikum
Ocimum basilicum
Foto, Seite 33

Hocharomatisches, einjähriges Kraut mit vielen Sorten.
<u>Sorten:</u>
• 'Dark Opal': rotlaubig
• 'Minimum': niedrig wachsend

1 *Süßdolden haben Anisaroma.*

Heilkräuter als Zierpflanzen im Garten

Viele der alten Heilkräuter aus den Klostergärten waren so attraktiv, daß sie, von Züchterhand veredelt, Eingang in unsere Blumengärten gefunden haben. Doch auch die Wildformen besitzen einen natürlichen Reiz, der jeden Kräutergarten zum Schmuckstück macht.

2 *Alant – ein Gigant unter den Stauden.*

3 Panaschierte Beinwell-Sorte.

4 Engelwurz-Selektion mit roten Trieben.

5 Wie kleine Sonnen – Ringelblumen.

6 Frauenmantel mit duftigen Blüten.

7 Monarde – vitale Farben.

1 Süßdolde

Myrrhis odorata
Foto, Seite 22

Aromatische, winterharte Staude.
<u>Herkunft:</u> Europa. <u>Aussehen:</u> 60 bis 100 cm hoch. Große, gefiederte Blätter. Weiße Blüten im Frühjahr. <u>Standort:</u> Leichter Schatten. Frischer, nahrhafter Boden. <u>Pflege:</u> Nach der Blüte beschneiden, wenn die Pflanze nicht so viel Platz beanspruchen soll. Sät sich selbst aus. <u>Verwendung:</u> Junge Blätter, zarte Stiele und die unreifen, grünen Samen schmecken köstlich nach Anis und Lakritz. Blätter frisch nutzen, Samen einfrieren, trocknen oder in Rum konservieren. Samen zu Süßspeisen, Sahne oder Eis. <u>Gestaltung:</u> Unterpflanzt mit Waldmeister und Vergißmeinnicht eine schöne Ergänzung zu frühblühenden Sträuchern.

2 Alant

Inula helenium
Foto, Seite 22

Imposante Großstaude.
<u>Herkunft:</u> Zentralasien. <u>Aussehen:</u> 150 bis 200 cm hoch. Große, länglich-herzförmige, graufilzige Blätter. Gelbe, margeritenähnliche Blüten von Juni bis September. <u>Standort:</u> Sonnig bis leicht schattig. Feuchter Lehmboden.

Pflege: Gut mit Kompost versorgen. Verwendung: Die Wurzeln getrocknet in Tees gegen Husten und Bronchitis. Als Duftstärker in Potpourris. Gestaltung: Die große Solitärstaude steht gut im Hintergrund eines Staudenbeetes oder am Teich.

3 Beinwell
Symphytum officinale
Foto, Seite 23

Winterharte, wüchsige Staude. Herkunft: Mitteleuropa. Aussehen: 50 bis 100 cm hoch. Weich behaarte, lanzettliche Blätter, glockenförmige Blüten von weißlich bis hellblau und violett, von Mai bis September. Standort: Lichter Halbschatten. Feuchter, nahrhafter Boden. Pflege: Mehrmals im Jahr schneiden. Läßt sich schwer wieder entfernen, da die Wurzel tief in die Erde geht. Vermehrung durch Teilung. Sät sich aus. Verwendung: Im Garten als Mulch, Jauche und für den Kompost. Gestaltung: Am Teichrand zusammen mit Mädesüß, Gräsern, Farnen und Frauenmantel. Ein Blickfang ist der weißgerandete Beinwell, *Symphytum grandiflorum* 'Variegatum'. Warnung: Nicht in der Küche verwenden, da Verdacht auf Leberschädigung besteht.
Mein Tip: Beliebt als Grundlage für Jauchen und Mulchmaterial ist der Russische Beinwell (Comfrey), *Symphytum peregrinum*.

4 Engelwurz
Angelica archangelica
Foto, Seite 23

Zwei- bis mehrjährige Großstaude. Herkunft: Nord-, Mitteleuropa. Aussehen: 200 bis 250 cm hoch. Hellgrüne, große, dreiteilig eingeschnittene Blätter. Grünlichgelbe, halbkugelige Doldenblüten. Standort: Halbschatten. Nahrhafter, feuchter Boden. Pflege: Robuste Pflanze, sät sich selbst aus. Verwendung: Blätter mit moschusartigem Duft. Vor der Blüte ernten, getrocknet und frisch als Tee. Stengel kandiert als Kuchendekoration. Gut zu Rhabarber- und Stachelbeerkompott. Wurzel für Parfümherstellung und Kräuterliköre. Gestaltung: Wirkt überall dominierend. Steht gut am Teichrand, zusammen mit Frauenmantel.

5 Ringelblume
Calendula officinalis
Foto, Seite 23

Einjährig, weitverbreitet. Herkunft: Mittel-, Ost- und Südeuropa, Asien. Aussehen: 50 bis 70 cm hoch. Margeritenähnliche, leuchtend gelb- und orangefarbene Blüten von Juni bis zum Frost. Standort: Sonnig. Lehmiger, etwas feuchter Boden. Pflege: Sät sich reichlich selbst aus. Bei zu engem Stand treten Läuse oder Mehltau auf. Verwendung: Bitteraromatischer Geschmack. Ausgezupfte Blütenblätter zum Färben von Fleischbrühe, Reis, Butter und Käse (Safranersatz), im Salat. Für Heilsalben. Trocknen und Einfrieren sind möglich. Gestaltung: Besonders leuchtend zu Lavendel (→ Foto, Seite 7)!

6 Frauenmantel
Alchemilla mollis
Foto, Seite 23

Schöne Blattstaude mit duftigen Büten. Herkunft: Nordeuropa, Kleinasien. Aussehen: 15 bis 35 cm hoch. Samtig behaarte, gefältelte Blätter. Grünlich-gelbe Blüten von Juni bis August. Standort: Sonne und lichter Schatten. Nährstoffreicher Boden. Pflege: Nach der Blüte schneiden, treibt dann neu aus. Sät sich reichlich aus. Verwendung: In der Küche als dekorative Unterlage für Obst und Käse. Die Wildform *A. xanthochtora* (=*A. vulgaris*) wird als Tee bei Beschwerden der Wechseljahre genutzt. Blätter auch zum Auflegen auf Wunden. Gestaltung: Für Einfassungen und als Bodendecker. Wächst in Fugen von Steintreppen.

7 Monarde, Indianernessel
Monarda didyma
Foto, Seite 23

Winterharte, aromatische Staude. Hybriden häufig als Zierpflanzen in den Gärten. Herkunft: Nordamerika. Aussehen: 100 cm hoch. Blüten auffällig scharlachrot, rosa, weiß oder hellila vom Frühsommer bis zum Herbst. Standort: Sonnig bis halbschattig. Nährstoffreicher, leicht feuchter Boden. Pflege: Robuste Pflanze. Vermehrung durch Ausläufer. Verwendung: Aromatische Blätter mit Zitrusduft, frisch für Kräutertee (besonders gut eisgekühlt), getrocknet für den Wintervorrat. Blüten zu Salaten, Süßspeisen. Gestaltung: Farbtupfer im Kräutergarten. Gut zu Gräsern, Taglilien, Herbstastern und Schleierkraut.

Ein Sonnenanbeter – die Königskerze (Verbascum densiflorum).

8 Königskerze

Verbascum
Foto, oben

Zweijähriges Heilkraut.
<u>Arten:</u>
• *V. densiflorum,*
• *V. thapsus.*
<u>Herkunft:</u> Europa, Asien. <u>Aussehen:</u> 150 bis 200 cm hoch. Bodenständige Rosette mit großen, behaarten Blättern. Kerzenähnlicher Blütenstand mit hellgelben, zarten Blüten von Juni bis September. <u>Standort:</u> Sonnig. Nährstoffreicher, trockener Boden. <u>Pflege:</u> Aussaat im Frühjahr oder Sommer. Sät sich selbst aus. <u>Verwendung:</u> Blüten schmecken süßlich, duften nach Honig. Getrocknet in Hustentees, frisch in Suppen und zu Salaten. Genutzt werden nur die Blüten von *V. densiflorum* und *V. thapsus.* <u>Gestaltung:</u> Königskerzen sind dominante Zierpflanzen im Kräutergarten und beleben sonnige Staudenbeete mit ihrer langen Blütezeit. Die Hybriden sind beliebte Gartenpflanzen.

9 Marienblatt

Tanacetum balsamita

Dekorative, duftende Blattstaude. <u>Herkunft:</u> Orient. <u>Aussehen:</u> 60 bis 100 cm hoch. Maigrüne, große, ovale Blätter. Kleine gelbe Blütenköpfchen im Spätsommer. <u>Standort:</u> Volle Sonne. Nährstoffreicher Boden, gut drainiert. <u>Pflege:</u> Vermehrung durch Ausläufer und Teilung. <u>Verwendung:</u> Blätter duften nach Minze, Zitrone und Balsam. Ganz junge Blätter fein geschnitten zu Salat und jungen Kartoffeln. Getrocknet in Potpourris, als Wäscheduftkraut gegen Insekten. <u>Gestaltung:</u> Marienblatt ist ein schöner Hintergrund für blühende Kräuter und niedrige Rosen.

10 Baldrian

Valeriana officinalis

Hohe, anmutige, winterharte Staude. <u>Herkunft:</u> Europa, Asien. <u>Aussehen:</u> 100 bis 150 cm hoch. Gefiederte Blätter. Weißlich-rosa Blüten von Juni bis Juli. <u>Standort:</u> Halbschattig. Feuchter Boden. Toleriert aber auch trockene Böden und Sonne. <u>Pflege:</u> Robuste Pflanze, sät sich reichlich selbst aus. <u>Verwendung:</u> Wurzeln im Herbst ausgraben und trocknen. Als Tee oder im Bad nervenberuhigend und schlaffördernd. <u>Gestaltung:</u> Die duftigen weißen Blüten wirken romantisch im Rosengarten oder in Staudenrabatten.

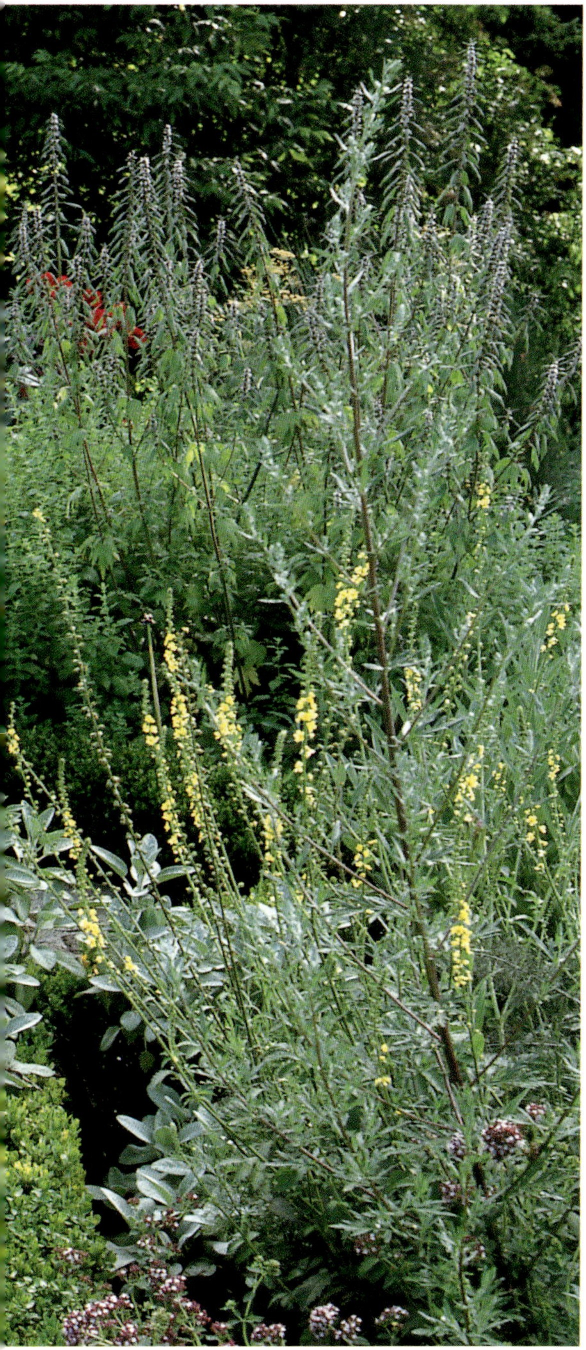

Kräuter als Partner und Solisten

Mit Kräutern gestalten

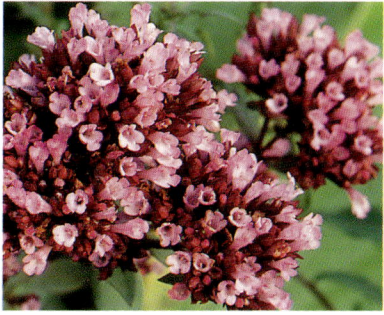

Kräuter können jeden Teil des Gartens schmücken – sei es im Kräutergarten nach klassischem Muster, sei's als dekorative Kombination von Kräutern mit Gemüse oder Blumen. Hier eine Fülle von erprobten Ideen.

Foto oben: Oregano 'Herrenhausen'.
Foto links: Kräutergarten der Autorin. Die zarten Kerzenblüten von Odermennig, gruppieren sich mit Beinwell, Weinraute, Herzgespann und breitblättrigem Salbei (von links nach rechts) um eine kompakte Buchskugel.

Ordnungshüter im Kräutergarten

Aus den alten Kräutergärten kann man lernen, daß Kräuter gewisse Ordnungsstrukturen benötigen, um ihre Schönheit voll zur Geltung zu bringen. Diese Strukturen sind das Rückgrat eines Gartens und können sehr unterschiedlicher Art sein.

Architektonische Gartenelemente bleiben für längere Zeit bestehen und müssen deshalb besonders sorgfältig geplant werden. Dazu zählen Pergolen, Statuen, Vogeltränken, Wege, Trockenmauern und Bänke.

Diese Elemente sollten zum Haus passen, da ja jeder Garten als eine Erweiterung des Hauses betrachtet werden kann. Material und Gestaltung von Haus und Garten bilden im Idealfall eine Einheit. Andererseits sollen sich Gartenstrukturen auch in die weitere Umgebung und in die Landschaft einfügen.

Pflanzen als Strukturelemente geben Halt und Form, wirken aber gleichzeitig lebendig und natürlich.

• Kugelformen bilden optische Blickpunkte. Auch wenn Sie keinen klassischen Kräutergarten haben, kombinieren Sie Kräuter ruhig mit Buchskugeln. Wenn es schnell gehen soll, können Sie auch Eiben oder den rasch wachsenden Liguster zu Kugeln schneiden.

• Niedrige Hecken oder Rabatten aus Buchs, Lavendel oder Weinraute können einzelne Beete umgeben oder den ganzen Kräutergarten einfassen. Besonders attraktiv wirkt natürlich der immergrüne Buchs, doch in kleinen Gärten sind Rabatten und Einfassungen aus Petersilie platzsparend und genauso dekorativ.

Gestalten mit Wuchshöhen

Die unterschiedlichen Wuchshöhen der Kräuter sind ein wichtiger Gestaltungsfaktor, den es bei jeder Bepflanzung zu beachten gilt. Die verschiedenen Wuchshöhen sollten so gestaffelt werden, daß sich ein abwechslungsreicher und harmonischer Aufbau ergibt.

• Hohe Kräuter wie Fenchel (*Foeniculum vulgare*), Dill (*Anethum graveolens*), Engelwurz (*Angelica archangelica*) oder Liebstöckel (*Levisticum officinale*) sollten Sie in den Hintergrund pflanzen. Gut machen sie sich auch als Solitärpflanzen an exponierten Stellen.

• Mittelhohe Pflanzen wie Dost (*Origanum vulgare*), Salbei (*Salvia officinalis*), Zitronenmelisse (*Melissa officinalis*) oder Minze (*Mentha*-Arten) machen den Hauptteil jeder Pflanzung aus und sind besonders vielseitig einsetzbar.

• Niedrige Pflanzen wie Thymian (*Thymus vulgaris*) oder Petersilie (*Petroselinum crispum*) kommen nur im Vordergrund und am Rande von Pflanzungen voll zur Geltung.

Blattformen gezielt einsetzen

Unterschiedliche Blattformen sind ebenfalls wichtige Elemente für jeden, der mit Kräutern gestalten möchte. Breite Blätter, neben schmale, filigrane gesetzt, wirken noch kompakter, während die zarte Blattschönheit sich daneben besonders gut abhebt. Diese Art der Pflanzenkombination nannte der große Gärtner und Staudenzüchter Karl Förster »Harfe und Pauke«. Hier einige Beispiele:

• Duftiges, fiedriges Fenchelgrün wirkt noch zarter neben einer kompakten Buchskugel.

• Die schildförmigen Blätter der Kapuzinerkresse (*Tropaeolum majus*) im Vordergrund gepflanzt, kontrastieren besonders gut mit zierlichen Dillblättern.

Wichtig: Wenn Sie Kräuter nach gestalterischen Gesichtspunkten einsetzen, gilt es immer auch die Standortansprüche der verschiedenen Arten zu berücksichtigen (→ Seite 44).

Spiel mit Blattfarben

Auch Blattfarben können als Gestaltungsmittel eine wichtige Rolle spielen. Viele Kräuter haben ausdrucksvolle farbige Blätter, die bei der Planung wie Blütenfarben eingesetzt werden können. Neben den einfarbigen grünen, grauen oder roten Arten und Sorten gibt es auch solche mit bunten (sogenannten panaschierten Blättern) in grün-weiß oder grüngelb. Interessante Farbvarietäten finden sich bei folgenden Arten:

Salbei weist ein besonders weites Spektrum von Blattfarben auf (→ Fotos rechts), die im Frühjahr am intensivsten leuchten. Buntblättrige Arten sind schwachwüchsiger als der gewöhnliche Salbei (*Salvia officinalis*). In frostgefährdeten Gegenden benötigen sie Winterschutz. Neben den rechts abgebildeten Varietäten ist vor allem noch die Sorte 'Purpurascens' mit purpurroten Blättern zu empfehlen (→ Foto, Seite 33).

Bei den Minzen (*Mentha*-Arten) finden sich ebenfalls schöne Blattfarben:
• Ananas-Minze (*Mentha suaveolens* 'Variegata') mit grün-weiß gefleckten Blättern,
• Ingwer-Minze (*Mentha gentilis* 'Variegata') mit gelber Zeichnung.

Salvia lavandulifolia.

Salvia officinalis 'Ictarine'.

Salvia officinalis 'Tricolor'.

Mein Tip: Die bunten Sorten wuchern nicht so stark wie die übrigen und können daher gut mit Stauden und Einjährigen kombiniert werden.

Die Thymian-Familie (*Thymus*-Arten) bringt auch mit vielen farblichen Überraschungen Abwechslung in den Garten:
• Zitronenthymian (*Thymus x citriodorus* 'Silver Queen') mit silbrigen Blättern,
• *Thymus x citriodorus* 'Golden Dwarf' mit gelben Blattspitzen.

Zitronenmelisse (*Melissa officinalis*) 'Variegata' hat goldene Flecken auf den Blättern. Sie vergrünt im Sommer und sollte dann heruntergeschnitten werden.

Beinwell (*Symphytum officinale*) hat ebenfalls eine bunte Verwandte: *Symphytum grandiflorum* 'Variegatum' mit weißgerandeten Blättern (→ Foto, Seite 23).

Basilikum (*Ocimum basilicum*) wartet mit dunkelroten Varietäten auf, wie zum Beispiel der Sorte 'Dark Opal' (→ Foto, Seite 33).

Die Kapuzinerkresse (*Tropaeolum majus*) gibt es auch in einer panaschierten Form: 'Alaska'.

Oregano (*Origanum vulgare*) bringt mit der gelbgefleckten Sorte 'Aureum' Sonne in den Kräutergarten.

Praxis: Gestalten

Kräuter und Natursteine wirken harmonisch. Schön dazu sind die silbrig-gedeckten Farben von Thymian, Salbei und Lavendel.

Findling
Zeichnung 1

Findlinge benötigen wenig Platz und sind ideale Partner für wärmeliebende Kräuter. Hier kann eine kleine Kräutergemeinschaft wachsen oder ein einzelner Lavendel sich prächtig entfalten.
So wird's gemacht:
• Schwere Steine am besten mit der Schubkarre transportieren.

• Erde ausheben, so daß der Stein etwas versenkt werden kann.
• Mit Erde auffüllen.
• Kräuter auf der Südseite des Steines einpflanzen. Dabei normalen Pflanzabstand einhalten.

Trockenmauer
Zeichnung 2

Trockenmauern eignen sich besonders gut als Terrassenbegrenzung oder zur Abstützung von Hanggärten. Hier findet sich der ideale Platz für Thymian, Lavendel, Rosmarin, Oregano und Bergbohnenkraut.

2 Trockenmauer als Hangstütze. Auf Betonsockel schräg zum Hang geneigt Steine aufschichten, Fugen bepflanzen.

So wird's gemacht:
• Den Verlauf der Mauer festlegen, das Fundament ausheben.
• Bei festem Untergrund reicht eine Tiefe von 20 cm. Die erste Lage Steine kann direkt aufgebracht werden.
• Bei losem Boden oder Mauerhöhen von über 80 cm muß ein Betonfundament gegossen werden. Dafür den Boden etwa 40 cm tief ausheben und ein etwa 20 cm hohes Fundament gießen.
• Die unterste Lage Steine auf den noch nicht ganz erhärteten Beton legen, so daß sie sich damit verbinden. Nun warten, bis der Beton abgetrocknet ist.
• Die folgenden Steine so aufeinander schichten, daß die Mauer leicht schräg zum Hang geneigt ist. Darauf achten, daß die sich bildenden Fugen zwischen den Steinen von den darüberliegenden Steinen überbrückt werden.
• In die Fugen gleichzeitig Erde und Kräuter einsetzen. Dafür eignen sich außer den trockenheitsliebenden Kräutern auch viele Steingartenstauden.
• Eine Schicht Kies hinter der Mauer sorgt für guten Wasserabfluß.
• Am Fuß der Mauer können Thymian oder Frauenmantel gepflanzt werden.
Mein Tip: Durch Aussparen der oberen Steine an einer Stelle der Trockenmauer kann ein Sitzplatz entstehen, der mit polsterbildendem Thymian oder flachwachsender Duftkamille bepflanzt werden kann.

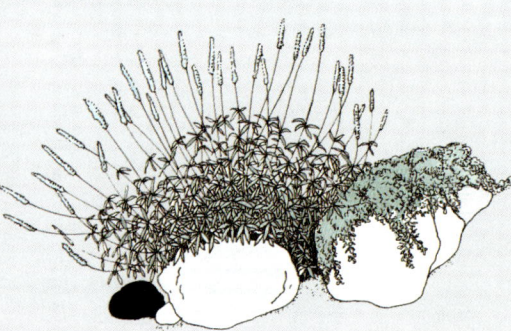

1 Kräuter mit Findlingen. Ideal in sonnigen Lagen gedeihen Lavendel (hinten) und Thymian (rechts).

3 Bau der Kräuterspirale. Natursteine werden wie bei einer Trockenmauer aufeinander geschichtet.

4   Bepflanzung der Kräuterspirale. Der obere Teil der Kräuterspirale bietet den Mittelmeerkräutern Salbei, Thymian, Lavendel, Rosmarin und Oregano einen idealen Standort. In der Mitte wachsen einheimische Küchenkräuter. Besonders feuchtigkeitsliebende Pflanzen stehen direkt an dem kleinen Teich im unteren Bereich der Spirale.

Kräuterspirale
Zeichnung 3 und 4

Die Kräuterspirale bietet auf kleinstem Raum verschiedene Lebensbereiche. So kann auch eine ganze Kräutergemeinschaft optimal gedeihen. Allerdings wirkt sie leicht wie ein Fremdkörper, vor allem, wenn sie aus sehr großen Steinen aufgebaut wird. Deshalb muß sie optisch gut angebunden werden, zum Beispiel als Abschluß einer Trockenmauer.

<u>So wird's gemacht:</u>
• Die Spirale wird wie eine Trockenmauer aus Natursteinen aufgebaut.
• Legen Sie den Grundriß der Spirale mit dem Spaten fest. Für die erste Lage an Steinen etwa 10 cm Erde ausheben.
• Auf der ersten Lage wird nach und nach aufgebaut. Die maximale Höhe der Spirale soll etwa 50 bis 60 cm betragen. Zum Rand hin nimmt die Höhe langsam ab.
• Den Raum zwischen den Mauern im Innern füllen Sie vorzugsweise mit Bauschutt. Dieses kalkhaltige und wasserdurchlässige Material ist für Kräuter ideal.
• Decken Sie den Bauschutt mit einer etwa 10 cm dicken Schicht Boden ab. Günstig ist eine Mischung von 2 Teilen Gartenboden und 1 Teil Sand.
• Der äußere Teil der Spirale wird mit gutem Gartenboden aufgefüllt.
• Am Ende der Spirale können Sie einen kleinen Teich anlegen. Dazu ein Loch ausheben und mit Folie auskleiden oder einfach eine Plastikwanne eingraben.

<u>Bepflanzung:</u>
• Der höchste Teil der Kräuterspirale ist der ideale Platz für Salbei, Thymian, Lavendel, Rosmarin, Oregano und Bergbohnenkraut.
• Im mittleren Teil finden Majoran, Ysop, Basilikum, Schnittlauch, Petersilie und Pimpinelle ihren Platz.
• Im unteren Teil der Spirale pflanzen Sie feuchtigkeitsliebende Kräuter, wie zum Beispiel Pfefferminze, Zitronenmelisse und Brunnenkresse.

Kräuter unter sich

Wer Kräuter im Garten vor allem deshalb anpflanzt, um sie in der Küche zu verwenden, ist mit einem kleinen Kräutergarten oder einem Kräuterbeet gut beraten. So sind alle häufig gebrauchten Kräuter an einem Platz versammelt und lassen sich leicht ernten. Wer ein Kräuterbeet in Haus- oder Terrassennähe anlegt, hat kurze Wege zum Ernten und braucht vor allem bei Regen nicht quer durch den ganzen Garten zu streifen. **Mein Tip:** Pflanzen Sie häufig benötigte Küchenkräuter in Töpfen auf Terrasse oder Balkon. So ersparen Sie sich lange Wege in den Garten.

Standort beachten

Die Ansprüche der verschiedenen Kräuter an Standort und Boden sind nicht ganz einheitlich.
• Volle Sonne und mageren, gut drainierten Boden lieben die Mittelmeerkräuter, wie Rosmarin, Salbei, Thymian und Lavendel.
• Humosen, nahrhaften Boden in Sonne oder lichtem Halbschatten mögen dagegen die meisten einheimischen Kräuter, wie Minze, Kerbel und Kümmel.
Wichtig: Nur am artgerechten Standort entfalten Kräuter

ihren ganzen Duft und ihr typisches Aroma. Die genauen Standortansprüche der verschiedenen Kräuter können Sie den Kurzbeschreibungen auf den Seiten 14 bis 25 entnehmen.

Gelungene Kombinationen

Hier einige Anregungen zum Nachmachen.
Kleiner Kräutergarten. Ein Stachelbeerbäumchen, mit Walderdbeeren unterpflanzt, bildet die Mitte des Kräutergartens. Vier Beete, geteilt durch ein Wegekreuz, schließen sich an. In den Beeten wachsen als Dauergäste Zitronenmelisse, Ysop, Salbei, Thymian, Estragon, Sauerampfer, Schnittlauch und Pimpinelle. Jedes Jahr neu ausgesät werden Petersilie, Kerbel und Basilikum. Boretsch und Ringelblumen säen sich selbst aus, wenn sie einmal gepflanzt oder gesät wurden. Darf das Kräutergärtchen etwas größer sein, so können auch seltener benötigte Kräuter, wie Weinraute, Odermennig, Marienblatt und Eberraute ihres Zierwertes wegen integriert werden.
Sonnengelbes Kräuterbeet. Besonders harmonisch wirkt eine Gestaltung nach Farben. Wie wäre es zum Beispiel mit einem sonnengelben Kräuterbeet?

Gelb blühende Kräuter wie Johanniskraut, Schafgarbe, Odermennig, Weinraute, Tripmadam oder Fenchel werden ideal ergänzt durch Sorten mit gelb-grünem Laub, wie zum Beispiel *Salvia officinalis* 'Ictarine', *Origanum vulgare* 'Aureum', *Melissa officinalis* 'Variegata' oder *Thymus x citriodorus* 'Golden Dwarf'. Wenn dann noch die dauerblühenden Ringelblumen den Sommer über leuchten, scheint die Sonne auch an trüben Tagen!
Mediterranes Kräuterbeet. Hier finden verschiedene Salbei-Arten (→ Fotos, Seite 29) Platz. Lavendel steht gut neben den silbrigen Blättern von *Salvia officinalis* 'Berggarten'. Eine Kollektion verschiedener Thymian-Arten bildet den Abschluß. Schön dazu sind blaue und weiße Iris (*Iris sibirica*).
Kräuter als Einfassungen. Einige Kräuter lassen sich zu niedrigen Hecken formen, mit denen Beete eingefaßt werden können. Dazu eignen sich Lavendel (*Lavandula angustifolia*), Weinraute (*Ruta graveolens*), besonders die kompakte Varietät 'Jackman's Blue', → Foto, Umschlagseite 2) und Thymian (*Thymus vulgaris*). Die niedrige Form des Oreganos (*Origanum vulgare* 'Compactum') und die Weinraute können auch ein Mittelpunkt-Rondell einfassen.

Purpurfarbene Blätter von Salvia officinalis 'Purpurascens' als Kontrast zu Kräutern in verschiedenem Grün.

Basilikum 'Dark Opal'.

Mein Tip: Da für solche Hecken größere Mengen an Kräutern benötigt werden, empfiehlt es sich, diese selbst zu vermehren: durch Stecklinge (Lavendel), Aussaat (Weinraute, Thymian), oder Absenker (Oregano, Thymian). Kräuter für Extraplätze. Beinwell (*Symphytum officinale*) und Meerrettich (*Armoracia rusticana*) sind sehr eroberungswütig, was den Lebensraum anbelangt. Ihr Ausbreitungsdrang ist schwer zu bremsen. Sie sind zwar sehr dekorativ in Blatt und Blüte, wer aber sicher gehen möchte, sollte sie lieber etwas absondern. Am Teich oder unter Obstbäumen kommen sie schwächer wüchsigen Pflanzen nicht ins Gehege.

Kräuter und Gemüse

Viele Gemüsearten sind so dekorativ wie Blumen: Rotkohl mit seinen lilablauen Blättern, die gerüschten Salate in all ihrer Vielfalt, blaue Buschbohnen, leuchtend gelbe Zucchini und rubinroter Mangold. Daß bunte Blumen und Kräuter dazu hervorragend passen, beweisen historische und moderne Beispiele reizvoller Küchengärten (Potagers). Besonders die ein- und zweijährigen Küchenkräuter, wie Dill, Kerbel, Petersilie, Kümmel, Koriander und Basilikum, passen gut zu Salaten und Gemüse. Sie brauchen einen guten, nahrhaften Boden, wie das Gemüse auch, damit sie sich in nur einer Saison voll entwickeln können. Wichtig: Fruchtwechsel einhalten. Kräuter wie Petersilie oder Dill dürfen nicht über mehrere Jahre hinweg an den gleichen Platz gepflanzt werden. Außerdem müssen die Pflanzabstände ausreichend sein, damit sich die Kräuter nicht gegenseitig bedrängen.

Bunte Beete rund ums Jahr

Hier einige schöne Kombinationen für den Gemüsegarten:
• Pimpinelle paßt hervorragend zum roten Eissalat 'Red Sioux'.
• Die filigranen Kerbelblättchen überragen reizvoll den Salat 'Lollo Rosso'.
• Sehr hübsch sind bunte Salatmischungen mit Radieschen, Kresse, Salatrauke, Basilikum und Schnittlauch.
• Schnittsalate und einjährige Kräuter sind ideale Partner. Mischen Sie die Samen und säen Sie sie breitwürfig aus. Die Sämlinge als Schnittsalat bereits ernten, wenn sie 5 bis 10 cm hoch sind. In diesem Stadium enthalten sie mehr Vitamine und Mineralstoffe als im ausgewachsenen Zustand. Einige Pflänzchen zwischendurch sollten Sie stehen lassen, sie dürfen sich später zu vollen Salatköpfen entwickeln.
Mein Tip: Wenn Sie im Abstand von jeweils 2 bis 3 Wochen mehrmals säen, haben Sie ausreichend Salat durch die ganze Saison. Eine späte Aussaat im Herbst kann sogar überwintern.

Winterbeet mit Kräutern. Auch im Winter müssen Gemüsebeete nicht leer stehen. Legen Sie doch einmal ein Winterbeet mit Feldsalat und Kräutern an, die Sie abwechselnd in Reihen aussäen. Winterhart sind eine ganze Reihe von Kräutern, die sich hervorragend dafür eignen, zum Beispiel Pimpinelle, Kerbel, Winterportulak, Rauke, Petersilie und Barbarakraut.

Vielfältiger Nutzen

Die Kombination von Kräutern mit Gemüse hat nicht nur dekorative Seiten, sondern auch viele nützliche Aspekte.
• Duftende Kräuter locken Bienen und Hummeln an, die für die Bestäubung von Obst und Gemüse sorgen, zum Beispiel bei Tomaten, Zucchini.
• Ein Kräuter- und Staudengürtel um das Gemüse gepflanzt, hält Schnecken und Schädlinge in Grenzen. Vor allem Kerbel schützt Salate vor Schneckenfraß. Außerdem eignet er sich gut als Nachbar für alle Pflanzen, die gegen Mehltau anfällig sind.
• Ameisen lassen sich von manchen Kräutern, wie Lavendel, Ringelblume, Krauseminze und Schnittlauch, irritieren und abschrecken.
• Manche Pflanzen schützen sich durch Blatt- und Wurzelausscheidungen gegenseitig vor Schädlingen und Krankheiten. Wuchskraft und Aroma werden durch günstige Nachbarn gefördert. Mehltau und andere Pilzkrankheiten treten seltener auf, die Pflanzen wachsen gesünder.
Beispiele für nützliche Partnerschaften:
• Tomaten mit Petersilie, Kapuzinerkresse, Basilikum.
• Rote Bete mit Koriander, Bohnenkraut, Dill, Basilikum.
• Salate mit Kerbel, Portulak, Basilikum und Schnittlauch.

Beispiele für ungünstige Kombinationen:
- Monarde neben Melisse.
- Petersilie neben Salat.
- Liebstöckel und Wermut wird nachgesagt, daß sie auf andere Pflanzen wachstumshemmend wirken.

Kräuter zur Düngung und Schädlingsabwehr

In jedem Garten lassen sich Kräuter zur kostenlosen Düngung und Schädlingsabwehr einsetzen.

Kräuter als Mulch dienen der Gartengesundheit: Üppig wachsende Pflanzen, wie zum Beispiel Beinwell, mehrmals im Jahr schneiden und als Mulch zwischen Gemüsereihen, auf Baumscheiben oder unter Rosen legen. Auch der Kompost kann damit angereichert werden.

Wachstumsfördernde Kräuterjauchen lassen sich statt mineralischer Kopfdüngung den Sommer über einsetzen. Denn bei mäßiger organischer Düngung ist der Nitratwert in Gemüsen und Salaten niedriger als bei mineralischer Düngung. Trotzdem sollten Sie auch mit organischer Düngung (Kompost und Jauchen) sparsam umgehen.

Kräutertees gegen Schädlinge lassen sich vorbeugend, aber auch zur gezielten Behandlung einsetzen.

Kräuterkombinationen für Jauchen und Tees

Jauchen
- Beinwell-Jauche bekommt Fruchtgemüsen bestens.
- Fenchel-Jauche fördert das Wachstum.
- Ringelblumen-Jauche stärkt die Pflanzen.
- Kräuter-Jauche aus Salbei, Thymian, Liebstöckel, Lavendel, Minze und Beifuß stärkt die Abwehrkräfte gegen alle Krankheiten.

So wird's gemacht:
- Die geschnittenen Kräuter in ein Kunststoff- oder Steingutgefäß geben und mit Wasser auffüllen (auf 1 kg Frischkraut 10 Liter Wasser).
- Ein- bis zweimal täglich umrühren, damit Sauerstoff zugeführt wird.
- Nach etwa 10 bis 14 Tagen gärt die Mischung. Ab und zu eine Handvoll Steinmehl hinzufügen, um den Geruch zu binden.
- Wenn die Jauche nicht mehr schäumt, ist sie vergoren und kann nach dem Absieben ausgebracht werden. Jauchen müssen 1:5 bis 1:10fach mit Wasser verdünnt werden, um Verbrennungen zu vermeiden.
- Nach dem Ausbringen der Jauche können die abgeseihten Pflanzenreste als Mulch um Gemüsepflanzen gelegt werden.

Tees
Meerrettich-Tee: Blätter und geraspelte Wurzeln (500 g auf 1 Liter Wasser). Anwendung: Mit der Pflanzenspritze unverdünnt zur Blütezeit in die Obstbäume spritzen. Wirkung: Schutz vor Monilia.

Wermut-Tee: Wermutblätter und -blüten (150 g auf 5 Liter Wasser). Anwendung: Gegen Blattläuse und Obstmaden im Juni/Juli 3fach verdünnt auf die Pflanzen spritzen. Gezielt und sparsam verwenden. Wirkung: Wermut wirkt ätzend und tötet Schädlinge.

Kräuter-Mischtee: Knoblauch, Meerrettich, Schafgarbe und Kamille (20 g auf 2 Liter Wasser). Anwendung: Für alle Kulturen, die gegen Pilzkrankheiten wie Mehltau, Rost, Welke anfällig sind. Vorbeugend alle 14 Tage auf Boden und Blätter sprühen. Wirkung: Keimtötend. Vernichtet Pilze und Bakterien.

So wird's gemacht:
Die Pflanzen wie Teeblätter mit kochendem Wasser überbrühen, 20 Minuten ziehen lassen, absieben.

Kräuter und Rosen

Romantische Gartenbilder entstehen, wenn Kräuter mit Rosen kombiniert werden (→ Foto, rechts). Schon in den Klostergärten wurden sie zusammengepflanzt, denn ihr Reiz erhöht sich noch in der Kombination. Folgendes ist dabei zu beachten:
• Mit Düngergaben für die Rosen müssen Sie sparsam sein, denn sonst wachsen die Kräuter zu üppig.
• Regelmäßiger Rückschnitt im Frühjahr erhält die Form der Kräuter, und die Rosen werden nicht zu stark bedrängt.

Klassische Rosenbegleiter

Dazu zählt man Salbei, Thymian und Lavendel. Ihre ätherischen Öle halten Schädlinge fern.
Salbei (*Salvia*) bietet viele farbige Blattvariationen, die einen ausdrucksvollen Kranz um die Rosen legen können.
• Die graulaubige Sorte 'Berggarten' mit besonders großen, weichen Blättern ist als Unterpflanzung sehr dekorativ.
• Die nach Lavendel duftende Art *'Salvia lavandulifolia'* wird gern wegen der besonders schönen Blüte im Frühsommer ausgewählt.

• Der zweijährige Muskatellersalbei (*Salvia sclarea*) wirkt besonders romantisch und bietet mit seiner ausdrucksvollen Blüte monatelang einen schönen Anblick. Die rosa bis helllila schillernden Blütenhüllblätter verblassen dekorativ. Sie können im Spätsommer abgestreift und für ein würziges Duftpotpourri verwendet werden (→ Seite 57).
Thymian (*Thymus*). Alle Arten und Sorten eignen sich als duftende Teppichpflanzen zu Füßen von Strauchrosen an sonnigen Plätzen.
Lavendel (*Lavandula angustifolia*) paßt besonders gut zu weiß, rosa und rot blühenden Floribunda- sowie niedrigen weißen Strauchrosen, die in voller Sonne stehen.

Aparte, ungewöhnliche Rosenbegleiter

Viele andere Kräuter sind ebenfalls reizvolle Partner zu Rosen. Versuchen Sie es doch einmal mit folgenden Kombinationen:
Schnittlauch (*Allium schoenoprasum*). Die pinkfarbenen Blüten passen erstaunlich gut zu Rosen in kühlem Rosa wie zum Beispiel zu 'Centennaire de Lourdes'.
Weinraute (*Ruta graveolens*). Damit können Sie besonders dekorative Wirkungen erzielen, zum Beispiel in Kombi-

nation mit der englischen Rose 'Yellow Charles Austin'. Der fruchtig zitronige Duft der Rose vermischt sich mit dem würzigen Duft der Weinraute. Auch im Strauß sehen beide zusammen sehr schön aus. Die kantigen, grünlichgelben Samenstände der Weinraute, die sich im Spätsommer bilden, passen ebenfalls sehr gut ins Bild. Ideal dazu ist gelbblühendes Johanniskraut (*Hypericum*-Arten).
Gewürzfenchel (*Foeniculum vulgare*) ist ein faszinierender Partner für Rosen. Zu gelben Strauchrosen gesetzt, wirkt er mit seinen duftigen Doldenblüten wie ein Weichzeichner, mildert zu kräftige Farbtöne und schafft Übergänge zu anderen Rosenfarben.
Bronzefenchel (*Foeniculum vulgare* 'Atropurpurea') wirkt hinreißend zur weißen Strauchrose 'Schneewittchen'.
Wermut und Eberraute (*Artemisia absinthium* und *A. abrotanum*). Ihr zartes, filigranes Blattwerk mit silbrigem Schimmer ist besonders schön zu weißen Rosen. Wer ein Beet ganz in Weiß gestalten möchte, kann dazu weiße Lilien, Iris und Wollziest (*Stachys byzantina*) kombinieren. Im Frühjahr stehen dort weiße Stiefmütterchen, weiße Narzissen und weiße Tulpen. Schleierkraut, Baldrian und eine silberne Rosenkugel

Kräuter und Rosen

*D*er Strauchrose
'Golden Showers'
liegt ein kleiner
Kräutergarten mit
Estragon, Wein-
raute, Tripmadam
und mit rosa-
violettblühendem
Schnittlauch zu
Füßen.

vervollständigen das elegante Bild im Sommer.

Baldrian (*Valeriana officinalis*) umschmeichelt Rosen auf sehr romantische Weise. Mit seinen winzigen weißen Blüten wirkt er fast wie riesiges Schleierkraut. Sein Duft wird nicht von allen Menschen als angenehm empfunden, ist aber beliebt bei Katzen.

Marienblatt (*Tanacetum balsamita*) ist ebenfalls ein schöner Partner zu Rosen. Wenn Sie es mit der kraftvollen 'Gloria Dei' und dem zartblauen Lavendel kombinieren, sind damit die Wäscheduftkräuter früherer Zeiten an einem Platz versammelt.

Kräuter im Blumengarten

Im Blumengarten lassen sich mit Kräutern wunderschöne Gruppen bilden.

Kräftige Farbkontraste erzielen Sie mit den folgenden Kombinationen aus Blumen und Kräutern:
• Ringelblumen (*Calendula officinalis*) mit rotem Basilikum (*Ocimum basilicum* 'Dark Opal').
• Stiefmütterchen (*Viola tricolor*) mit goldenem Oregano (*Origanum vulgare* 'Aureum') und Schnittlauch (*Allium schoenoprasum*).
• Gelbe und rote Gladiolen mit Kapuzinerkresse (*Tropaeolum majus*).

• Monarde (*Monarda didyma*) mit Weinraute (*Ruta graveolens*).
• Ringelblumen (*Calendula officinalis*) mit Lavendel (*Lavandula angustifolia* → Foto, Seite 7).
• Rosafarbene, rote und weiße Lupinen (*Lupinus*-Hybriden) mit Salbei (*Salvia officinalis*).

Zurückhaltende Partner sind:
• Boretsch (*Borago officinalis*) vor Blaublattfunkie (*Hosta sieboldiana* 'Elegans').
• Thymian (*Thymus vulgaris*) und Königslilie (*Lilium regale*).
• Glockenblume (*Campanula*-Arten) mit Ingwerminze (*Mentha x gentilis*).
• Pfingstrosen (*Paeonia*-Arten und -Hybriden) und Salbei (*Salvia officinalis*).

Einen ruhigen Hintergrund für bunte Staudenpflanzungen schaffen Kräuter in zarten Grüntönen, die vor allem durch ihr Laub bestechen.
• *Myrrhis odorata*, die nach Anis duftende, weißblühende Süßdolde, ist schön in Frühjahrsanpflanzungen, zusammen mit Tulpen, Narzissen und Vergißmeinnicht. Wenn sie im Sommer ihre gefiederten Blätter ausbreitet, verdeckt sie das vergilbende Laub der Zwiebelpflanzen.
• *Alchemilla mollis*, der in Blatt und Blüte schöne Frauenmantel, wird eher als Zierpflanze denn als Kraut

betrachtet. Er steigert die Intensität von Farben im Staudenbeet und gibt eine frische Komponente hinzu. Frauenmantel kann fast überall eingesetzt werden: zu Stauden, zu Rosen und natürlich auch zu Kräutern.
• *Tanacetum balsamita*, das lindgrüne Marienblatt, duftet stark nach Minze, Zitrone und Balsam. Es bildet einen schönen Hintergrund für niedrige Stauden. Pflanzen Sie Marienblatt auch einmal zu Glockenblumen (*Campanula*-Arten) oder zu Storchschnabelgewächsen (*Geranium*-Arten). Das Marienblatt wurde früher gern als Lesezeichen in das Gesangbuch gelegt. Der erfrischende Duft wird erst beim Berühren frei. Nah am Weg gepflanzt, kann man ab und zu ein Blättchen zum Schnuppern abpflücken.

Mein Tip: Kräuter im Stauden- und Blumengarten machen selbst das Jäten zum Erlebnis. Beim Unkrautzupfen wird durch die Berührung der Kräuter herrlicher Minz- oder frischer Zitrus- und Orangenduft von Minzen, Melissen und Monarden freigesetzt.

Sommerfrohe Bepflanzung mit violetten Schnittlauch-Blüten, Bärwurz sowie blauen und weißen Iris.

Küchenkräuter machen Karriere

Früher wurden Schnittlauch (*Allium schoenoprasum*) und Petersilie (*Petroselinum crispum*) im Gemüsegarten versteckt, nun hat man sie auch für den Blumengarten entdeckt!

Wenn Sie den häufig zu hörenden Rat befolgen, Blütenstengel beim Schnittlauch noch vor der Blüte abzuschneiden, werden Sie allerdings nie entdecken, wie apart die kugeligen Bluten sein können. Nicht nur zu Rosen, auch zu edlen Iris-Arten lassen sie sich kombinieren (→ Foto, oben).

Obwohl Petersilie das am häufigsten gebrauchte Küchenkraut ist, hat man sie bisher selten im Blumengarten gesehen. Ihr gekraustes, in sich gerüschtes Blatt macht sie aber zu einer rundlich altmodischen Schönheit. Mit Duftpelargonien und Stiefmütterchen (*Viola tricolor*) bildet sie ein harmonisches Trio. Die glattblättrige Petersilie würzt kräftiger, sieht aber nicht so dekorativ aus.

Gestaltungsidee Lavendelpfad – hier führt er zu einer lauschigen Bank.

Gestaltungsidee Kräutertreppe mit Frauenmantel.

Weitere Gestaltungsideen

<u>Kräuter in Fugen.</u> Fugen zwischen Wegplatten eignen sich ideal zum Bepflanzen mit Kräutern. Mit diesem mageren Standort sind besonders die Thymian-Arten zufrieden, zum Beispiel Zitronenthymian (*Thymus x citriodorus*) oder Feldthymian (*Thymus serpyllum*). Beim Betreten werden dann aromatische Duftwolken freigesetzt.

<u>Kräutertreppe.</u> Eine Thymiantreppe vor der sonnigen Terrasse verbindet Nutzen und Schönheit. Hier können Sie an warmen Tagen auch einmal sitzen, den Duft genießen und träumen. Besonders zart und duftig wirkt eine Treppe, die mit Frauenmantel (*Alchemilla mollis*) bepflanzt ist (→ Foto, links unten).

<u>Wichtig:</u> Achten Sie bei solchen Bepflanzungen immer auf den Standort. Thymian-Arten sollten grundsätzlich einen vollsonnigen Standort erhalten. Der Frauenmantel dagegen liebt es eher halbschattig.

<u>Kräuter im Hochbeet.</u> Ein Hochbeet, von Steinen eingefaßt, bietet gute Bedingungen für Kräuter und erspart Ihnen bei Pflege und Ernten das Bücken. Pflanzen Sie niedrige, überhängende Kräuter, wie zum Beispiel *Rosmarinus repens* oder Tripmadam, an den Rand.

Kräuter im Topf

Fast alle Kräuter wachsen problemlos in Töpfen, Kästen und Kübeln.
• Lorbeer und Rosmarin sind klassische Kübelpflanzen. Diese frostempfindlichen Südländer kommen an einem hellen, kühlen Platz im Haus oder Wintergarten am besten durch die kalte Jahreszeit. Pflanzt man sie nicht im Garten aus, sondern hält sie in einem Kübel, lassen sie sich im Herbst leichter in das Winterquartier bringen.
• Salbei, Rosmarin, Bohnenkraut und Thymian wachsen in der Natur auf kargem, trockenem Boden. In Töpfen fühlen sie sich sehr wohl und nehmen es auch nicht übel, wenn das Gießen einmal vergessen wird. Sie wachsen gut in einer Mischung aus Erde und Sand (3:1) und brauchen einen vollsonnigen Standort.
• Ein- und zweijährige Küchenkräuter wie Basilikum, Kerbel, Schnittlauch und Petersilie wünschen gute, humose Pflanzerde. Sie müssen regelmäßig gegossen und alle 2 – 4 Wochen gedüngt werden. Auch das einjährige Bohnenkraut, Oregano, Zitronenmelisse und Pimpinelle benötigen nahrhafte Erde und regelmäßige Pflege.
Standorte. Die häufigsten Standorte für Kräuter in Töpfen sind natürlich Terrasse oder Balkon. Pflanzen Sie doch einmal robuste Kräuter statt der üblichen Balkonblumen. Blühende Sommerblumen, je nach Jahreszeit dazugesellt, runden das Bild ab. In jedem Jahr können Sie neue Gruppierungen ausprobieren. Um den Platz gut auszunutzen, plazieren Sie die Töpfe in drei Dimensionen: auf dem Boden, auf Mauern, Treppen und Tischen, aber auch in hängenden Körben an der Wand.
Mit Kräutern in Töpfen können aber auch im Garten Akzente gesetzt werden. So lassen sich zum Beispiel jahreszeitlich bedingte Lücken in den Beeten durch Kräuter in Kübeln und Töpfen auf hübsche Weise schließen.
Pflanzkombinationen.
• Lilablühendes Heliotrop mit seinem wunderbaren Vanilleduft paßt gut zu Salbei, Thymian und Lavendel.
• Für halbschattige Plätze eignet sich die vielfältige Minzenfamilie, zusammen mit Sauerampfer, Petersilie und Schnittlauch.
• Cocktailtomaten im Topf oder im Balkonkasten vertragen sich gut mit Basilikum, Petersilie, Knoblauch oder mit leuchtend gelb oder orange blühender Kapuzinerkresse.
• Der silbrige Wermut wirkt sehr edel zusammen mit weißen Stiefmütterchen.

Imposante Kräuter als Solitärpflanzen

Große, fast strauchartig wachsende Kräuter lassen sich hervorragend als imponierender Blickfang einsetzen, wenn man sie einzeln an exponierter Stelle pflanzt. Diese imposanten Kräuter können an einem geeigneten Platz und bei guter Ernährung zum Teil sogar mannshoch werden. Niedrigere Stauden können ihnen als Fußvolk zur Seite gegeben werden, doch Blickfang sind immer sie.
• Fenchel (*Foeniculum vulgare*) wird so hoch, daß er auch als Sichtschutz eingeplant werden kann. Hinter einer ausgewachsenen Fenchelstaude kann sich im Sommer sogar ein Erwachsener verstecken!
• Königskerzen (*Verbascum*-Arten) säen sich wie der Fenchel leicht selbst aus. Manchmal suchen sie sich dekorative Plätze. Überzählige Sämlinge können leicht entfernt werden.
• Der Alant (*Inula helenium*) steht am besten in der Staudenrabatte im hinteren Bereich. Am Beetrand wiederholen Ringelblumen Form und Farbe der Blüten.
• Engelwurz (*Angelica archangelica*) wirkt mit ihren frischen, saftig-grünen Blättern besonders gut in Teichnähe.

Pflanzen, Pflegen, Verwenden

Kräuter-Praxis

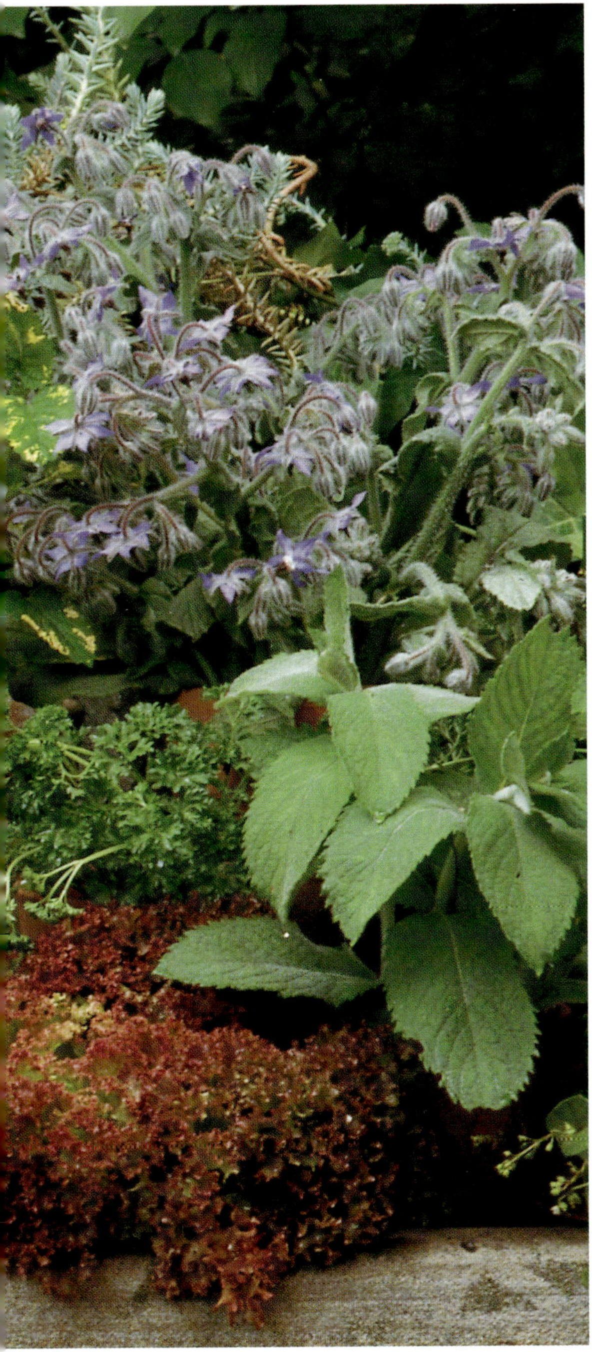

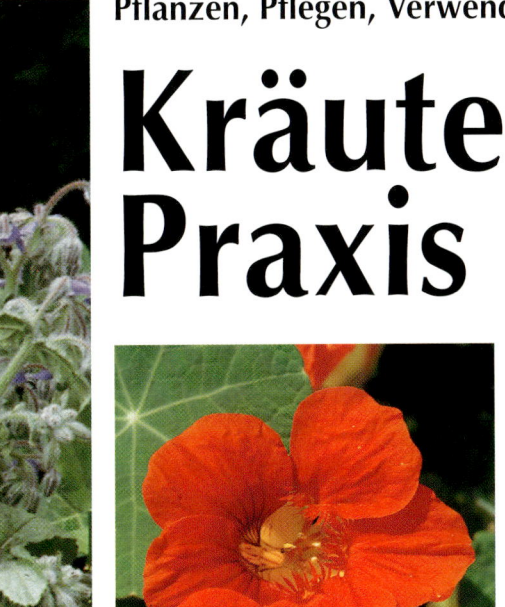

Schön, aromatisch und gesund können Kräuter nur sein, wenn alle ihre Lebensbedingungen erfüllt werden. Und das heißt vor allem, die richtigen Licht-, Temperatur- und Bodenverhältnisse schaffen. Mit unserem kleinen Pflege-ABC lassen sich Enttäuschungen vermeiden.

Foto oben: Vielseitig verwendbar – die Blüten der Kapuzinerkresse.
Foto links: Wer möchte da nicht zugreifen! Küchenkräuter in Töpfen warten auf ihren »Einsatz« in der Küche.

Tips zur Kräuterwahl

Kräuter gibt es in Hülle und Fülle. Das schafft vor allem für Anfänger die Qual der Wahl. Fangen Sie mit einem kleinen Grundstock von Kräutern an. So bleibt das Sortiment übersichtlich, und Sie können es dann in jedem Jahr mit den wachsenden Kenntnissen erweitern. Hier die wichtigsten Kriterien für die Auswahl.

<u>Nutzen.</u> Überlegen Sie, welcher Nutzen für Sie vorrangig ist:
• Kräuter für die Küche,
• Kräuter für Heiltees,
• Kräuter als Duftpflanzen,
• Kräuter als Zierpflanzen.
Hinweise finden Sie in den Kräuterporträts (→ Seite 14 – 25) und auf den Seiten mit Rezeptideen (→ Seite 56 – 57).

<u>Funktion.</u> Wollen Sie die Kräuter mit anderen Pflanzen vergesellschaften oder sie in einem eigens dafür vorgesehenen Beet kombinieren? Wer eine Lücke im Blumenbeet mit Kräutern schließen möchte, muß Boden- und Lichtverhältnisse berücksichtigen und kann nur Kräuter wählen, die von ihren Ansprüchen her dorthin passen.

<u>Standort.</u> Licht und Wärme sind für die meisten Kräuter unabdingbare Voraussetzungen. Überlegen Sie also vor dem Kräuterkauf, welchen Platz Sie den Pflanzen bieten

können. Auch die Bodenverhältnisse sind wichtig. Auf humosem Boden gedeihen andere Kräuter als auf magerem, kalkhaltigem. In einem extra Kräuterbeet oder in einer Kräuterspirale lassen sich spezielle Bodenverhältnisse schaffen (→ Seite 31).

Sonne oder Schatten?

Ganz grob lassen sich die Kräuter in drei Gruppen einteilen:
• Kräuter für volle Sonne. Damit sie ihr volles Aroma entfalten, brauchen sie viel Wärme und etwa sieben Stunden Sonne pro Tag. Kleine, schmale, harte Blätter setzen die Verdunstung herab. Dadurch sind sie optimal an das trockene Klima ihrer Heimatländer angepaßt. Dazu zählen Lavendel, Oregano, Rosmarin und Thymian.
• Kräuter für den Halbschatten benötigen nur etwa vier Stunden Sonne täglich. Dazu gehören Melisse, Monarde, Minze, Petersilie, Kerbel und Pimpinelle, die mit ihren zarten, weichen Blättern nicht vor Verdunstung geschützt sind.
• Die auffallenden, weiß- oder gelbbunten Blätter mancher Sorten mögen es gern wechselsonnig. Pralle Sonne läßt die Blattränder schnell braun werden, die leuchtenden

Farben verblassen. Zuviel Schatten hingegen läßt die Blätter vergrünen.

Bodenbeschaffenheit

Neben Sonne und Licht brauchen Kräuter natürlich auch die richtige Ernährung aus dem Boden. Sie sollen ja wüchsig und gesund sein, damit problemlos geerntet werden kann. Die Qualität der Inhaltsstoffe wird ebenfalls durch den Boden und die Düngung bestimmt.

Nach ihren Ansprüchen lassen sich die Kräuter grob in zwei Gruppen einteilen:

<u>Kräuter, die humusreichen, lockeren Boden lieben.</u> Zu nährstoffhaltig darf der Boden aber nicht sein, sonst treiben die Pflanzen große Blattmassen, Aroma und Geschmack sind jedoch vermindert.

<u>Kräuter, die mageren, kalkhaltigen Boden lieben.</u> Dazu zählen vor allem die mediterranen Kräuter, wie Rosmarin, Lavendel und Salbei.

<u>Hinweis:</u> Die genauen Bodenansprüche der einzelnen Kräuter können Sie den Kurzbeschreibungen auf den Seiten 14 – 25 entnehmen.

Oregano, Salbei, Schafgarbe und Lavendel gedeihen gut an einem vollsonnigen Platz.

Windschutz

Ein weiterer wichtiger Faktor im Garten ist der Windschutz, denn Kräuter brauchen ein günstiges Kleinklima. Pflanzen Sie sie deshalb im Schutz von Mauern in Haus- oder Garagennähe. Auch höhere Pflanzen, wie Buchs oder Eibe, können als Schutz dienen. Niedrige Buchshecken um Kräuterbeete sehen nicht nur gut aus, sondern verbessern ebenfalls das Kleinklima. **Mein Tip:** Nehmen Sie bei jedem Gang in den Garten ein Notizbuch für die Kräuter mit. Notieren Sie Ihre Beobachtungen an den Pflanzen. Der Vorteil: Fehler und Erfolge werden festgehalten. Das ist hilfreich für die Planung des folgenden Gartenjahrs.

Schmetterlinge lieben Dostblüten.

Praxis: Vermehren

Grundsätzlich unterscheidet man zwischen generativer (durch Aussaat) und vegetativer Vermehrung (durch Stecklinge, Absenker, Teilung).

Aussaat

Einjährige und zweijährige Kräuter sind einfach auszusäen.
• Nicht kälteempfindlich sind Petersilie, Kresse und Kerbel. Sie können schon im März ins Freie gesät werden. Warten Sie jedoch mit der Aussaat immer, bis sich der Boden gut er-

wärmt hat, die Saat keimt dann schneller.
• Bohnenkraut, Anis, Koriander können ab April/Mai direkt ausgesät werden.
• Frostempfindliche Kräuter wie Basilikum, Majoran und Kapuzinerkresse sollten auf einer hellen Fensterbank oder im Gewächshaus vorgezogen werden. Ende Mai werden die vorgezogenen Sämlinge dann an Ort und Stelle ausgepflanzt.
Mehrjährige Kräuter kauft man meist als Einzelpflanzen, da eine einzige Pflanze häufig für den Bedarf

2 Stecklinge.
a Stecklinge in einen Topf setzen und angießen.
b Mit über Draht gespannter Folie feucht halten.

eines Haushaltes genügt. Bei Thymian jedoch empfiehlt sich eine Aussaat. Er keimt problemlos, und Sie haben dann eine ganze Reihe Pflänzchen zur Verfügung.
So wird's gemacht:
• Das Anzuchtsubstrat für Kräuter muß möglichst mager sein. Im Handel gibt es spezielle Anzuchterden, die man für Kräuter noch mit etwas Sand mischt.
• Das Substrat in Anzuchtschalen, Töpfe oder Minitreibhäuser füllen.
• Die Samen sehr sparsam auf das Substrat geben. Je dichter die Samen liegen, desto schlechter gedeihen die Keimlinge. Ausnahmen sind Kres-

se, Kerbel und Schnittlauch - diese Kräuter sollten dicht gesät werden.
• Achten Sie darauf, welche Kräuter zu den Lichtkeimern zählen (zum Beispiel Majoran, Bohnenkraut und Basilikum). Sie keimen nur bei Helligkeit. Die Samen also nur leicht andrücken, nicht mit Erde bedecken! Dunkelkeimer bedeckt man mit einer dünnen Schicht Erde, die etwa 2–3mal so dick wie der Samen ist.
• Nach dem Aussäen das Substrat mit einer Sprühflasche anfeuchten.
• Feuchthalten, bis sich die Keimlinge zeigen.

1 Kapuzinerkresse hat farbenfrohe Blüten und große Samen, die sich leicht aussäen lassen.

Selbstaussaat

Wenn verblühte Triebe nicht abgeschnitten werden, säen sich Fenchel, Boretsch, Ringelblumen, Wermut, Zitronenmelisse, Baldrian, Engelwurz, Schnittlauch, Winterhecke und Oregano selbst aus. Die Sämlinge müssen nur ausgedünnt oder an den richtigen Platz umgepflanzt werden. Wenn Sie keinen Nachwuchs wünschen, die Kräuter bereits zu Beginn der Blüte zurückschneiden.

Mein Tip: Im Kräutergarten nicht zuviel Unkraut jäten! Im Frühjahr erst abwarten, ob sich Sämlinge zeigen, bevor Sie den Boden bearbeiten.

Vermehrung durch Stecklinge
Zeichnung 2

Stecklinge von Salbei, Lavendel und Rosmarin bewurzeln schnell.
So wird's gemacht:
• Eine Triebspitze von etwa 5 bis 8 cm Länge abschneiden.
• Die unteren Blätter entfernen. 4 bis 5 Blätter an der Spitze stehenlassen.
• Die Kopfstecklinge in einen Topf mit Anzuchterde oder einer Mischung aus Sand und Kompost rings um den Topfrand setzen (→ Zeichnung 2a).
• Den Topf mit einem Plastikbeutel verschließen. In gespannter Luft bewurzeln die Stecklinge besser (→ Zeichnung 2b).
• Wenn sich der erste Neutrieb zeigt, die Plastikfolie entfernen. Regelmäßig gießen.
• Im frühen Herbst die bewurzelten Stecklinge in den Garten pflanzen. Rosmarin im Haus überwintern.

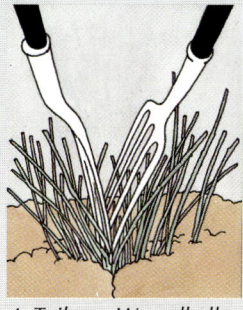

4 Teilung. Wurzelballen auseinanderziehen.

Absenker
Zeichnung 3

Absenker sind eine kinderleichte Vermehrungsmethode, die auch Anfängern gelingt. Lang ausladende Zweige von Thymian, Lavendel, Ysop und Salbei lagern sich oftmals von selbst dicht am Boden an und bewurzeln sich dort. Nach einiger Zeit, wenn der Ableger sich gut entwickelt hat, kann man die Jungpflanze von der Mutterpflanze trennen und an einen anderen Platz setzen.

Sie können jedoch auch nachhelfen, indem Sie längere Triebe in den Boden drücken und mit Erde anhäufeln, um die Bewurzelung anzuregen. Um sehr feste Triebe in dieser Lage zu halten, einen Draht zur Klammer biegen und damit den Zweig im Boden festhalten. (→ Zeichnung 3).

Wurzelteilung
Zeichnung 4

Wurzelteilungen lassen sich besonders einfach bei Minze, Estragon, Alant und Beinwell vornehmen. Sie bilden im Laufe der Jahre große Horste, die durch eine Teilung verjüngt werden können. Dabei im Herbst oder Frühjahr mit einer Grabgabel den Horst in der Mitte durchstechen, eine Hälfte aus dem Boden nehmen und an anderer Stelle wieder einpflanzen.

3 Absenker zum Bewurzeln mit einer Klammer im Boden befestigen. Mit etwas Erde anhäufeln.

*D*ie gelbgrünen Doldenblüten der Engelwurz (Angelica archangelica) erheben sich imposant über diese buntgrüne Kräuterpflanzung. Die Engelwurz verschafft sich – wie man sieht – besondere Aufmerksamkeit und eignet sich deshalb auch gut als Solitärpflanze.

Kräuter einkaufen

In Gartencentern und Gärtnereien werden inzwischen einige der beliebtesten Kräuter schon vorgezogen in Töpfen verkauft. Seltene Kräuter und Raritäten bekommen Sie jedoch nur von spezialisierten Versandgärtnereien (→ Adressen, Seite 62), vielleicht aber auch von anderen Garten- und Kräuter-Liebhabern. Die Pflanzen sollten gesund und kräftig bewurzelt sein.

Kräuter einpflanzen

Im Frühling und im frühen Herbst ist die beste Pflanzzeit. Containerpflanzen können immer gesetzt werden, wenn es nicht zu kalt und nicht zu trocken ist. Ideal zum Pflanzen ist ein warmer, aber bedeckter Tag. Ist die Erde zu trocken, muß vor dem Pflanzen gut gewässert werden.
• Die Kräuter vor dem Pflanzen kräftig gießen, damit sich der Wurzelballen vollsaugen kann.
• Ausreichend große Pflanzlöcher graben.
• Die Pflanze vorsichtig austopfen. Den Wurzelballen auflockern und die Pflanze etwas tiefer in den Boden setzen, als sie im Topf stand.
• Rundum mit Erde auffüllen, andrücken und gut angießen.

Arbeiten im Frühjahr

• Frostempfindliche Pflanzen, die den Winter über abgedeckt waren, rechtzeitig vom Winterschutz befreien.
• Sobald der Boden leicht abgetrocknet ist, wird er vorsichtig gelockert, ohne dabei die Wurzeln der Pflanzen zu beschädigen. Am besten eignet sich dafür ein Sauzahn.
• Das Frühjahr ist die optimale Zeit zum Düngen. Die ideale Düngung für Kräuter ist reifer Kompost. Eine dünne Schicht ausbringen und oberflächlich einharken. Eine zusätzliche Handvoll Hornspäne ist nur für Kräuter mit höherem Nährstoffbedarf sinnvoll, wie Liebstöckel, Engelwurz, Schnittlauch und Meerrettich. Wichtig: Kräuter mögen keinen frischen Mist und keine Jauche!
• Bei großen, buschig wachsenden Kräutern wie Fenchel und Liebstöckel einige der randlichen Seitentriebe etwa eine Handbreit über dem Boden einkürzen. So wird der Platzbedarf verringert.
• Auch niedrig wachsende Kräuter wie Lavendel, Thymian, Salbei und Ysop vertragen einen leichten Rückschnitt im Frühjahr. Den Lavendel jedoch nicht bis ins alte Holz schneiden, da er sonst nicht mehr austreibt (den anderen Kräutern schadet es nicht so sehr).

Arbeiten im Sommer

• Regelmäßiges Ernten erhält die Form der Kräuter, die sonst bald müde und überständig aussehen. Zitronenmelisse, Minze, Thymian, Salbei und Ysop regelmäßig zurückschneiden, damit sie buschig bleiben. Einkürzen der Triebspitzen beim Basilikum regt die Pflanzen zur Verzweigung an.
• Die meisten Kräuter kommen auch ohne Gießen gut über längere Trockenperioden hinweg. Regelmäßiges Gießen ist dagegen sehr wichtig bei Kräutern in Töpfen.
• Den ganzen Sommer über können Sie Absenker oder Stecklinge von Lavendel, Bohnenkraut, Thymian, Salbei und Rosmarin machen. (→ Praxis, Seite 47).

Arbeiten im Herbst

Einjährige Kräuter wie Basilikum und Dill sterben beim ersten Frost ab.
Mehrjährige Kräuter können in der Regel im Freien überwintern.
• Frostempfindliche Kräuter wie zum Beispiel Rosmarin mit Stroh, Farnkraut oder Tannenreisig abdecken. In rauhen Lagen am besten in einem Kübel hell und frostfrei im Haus überwintern.

• Winterharte Kräuter wie Petersilie, Kerbel, Pimpinelle und Salatrauke sind kälteunempfindlich und wachsen in frostfreien Perioden sogar weiter. Von ihnen wie auch von Weinraute, Salbei und Thymian können ab und zu ein paar Blättchen geerntet werden.

Überwintern im Topf

Wenn Sie im Spätherbst einzelne Kräuter eintopfen und zum Überwintern ins Haus bringen, können Sie ganzjährig ernten. Basilikum, Petersilie, aber auch Minze und Schnittlauch verfeinern noch manches Menü im Winter.
• Schnittlauchstauden ausgraben und bis zum ersten Frost im Freien liegenlassen. Sie brauchen etwas Frost, bevor sie im Topf neu treiben.
• Rosmarin und Lorbeer in Töpfen können bis in den Dezember im Freien bleiben. Nahe am Haus ertragen sie auch Temperaturen um 0 °C. Erst bei starken Frösten werden sie ins Haus geholt. In milderen Perioden immer mal wieder nach draußen stellen. So kommen sie leichter über den Winter.
• Achten Sie beim Eintopfen darauf, daß die Kräuter ausreichend große Töpfe erhalten.
• Kräuter im Haus brauchen einen hellen Fensterplatz

sowie eine erhöhte Luftfeuchte. Deshalb gleichmäßig mit Wasser versorgen und öfter übersprühen. Zu reichliches Gießen vermeiden.
Mein Tip: Füllen Sie eine große Schale mit Blähton und stellen Sie die Kräuter in Töpfen eng nebeneinander hinein. Das Kleinklima ist in Gemeinschaft besser.

Schädlinge und Krankheiten

Kräuter verfügen über einen eigenen Insektenschutz. Die ätherischen Öle in Blüten und Blättern wirken abschreckend auf viele Schadinsekten. Auch meiden die meisten Schädlinge dicht mit Härchen besetzte Blätter, wie zum Beispiel bei Boretsch und Zitronenmelisse. Kräuter sind daher ihren Angreifern keinesfalls wehrlos ausgeliefert. Grundvoraussetzung für ihre Gesundheit ist es aber, ihnen optimale Standortbedingungen zu schaffen (→ Seite 44).

Aufpassen beim Kräuterkauf

Durch neuerworbene Kräuter werden manchmal Schädlinge eingeschleppt. Deshalb Pflanzen vor dem Kauf gründlich prüfen, vor allem auch die Blattunterseiten. Dort verber-

gen sich gerne Schädlinge wie Thripse, Weiße Fliege, Spinnmilben oder Schildläuse. Verfärbungen an den Blättern können ebenfalls auf Schädlingsbefall hindeuten. Stellen Sie nach dem Kauf einen Befall fest, hilft oft schon ein Bad in Seifenlauge. Dafür Topf in einen Plastikbeutel stellen und Hülle am Topfrand dicht zubinden. Eimer mit lauwarmem Wasser füllen und einige Spritzer Neutralseife zugeben. Pflanze kopfüber in den Eimer tauchen, Schädlinge vorsichtig abspülen. Anschließend gründlich nachspülen. Die Prozedur am nächsten Tag wiederholen. Stellt sich der Befall als zu stark heraus, ist es besser, die Pflanze zu vernichten. Denn chemische Pflanzenschutzmittel sind im Kräutergarten tabu. Kräuter sind schließlich zum Verzehr bestimmt.

Helfer bei der Schädlingsabwehr

Im Naturkreislauf haben Schädlinge wie Nützlinge ihren Platz. Erst wenn die Schädlinge überhandnehmen, geht eine Gefahr für die Gartenkulturen von ihnen aus. In ihrer Nähe findet man aber auch immer Nützlinge, die sich ihrerseits von den Schädlingen ernähren.

Ätherische Öle und mit Härchen besetzte Blätter schützen Kräuter vor Insekten.

Marienkäfer sind nützliche Helfer gegen Blattläuse. Wermut, Kapuzinerkresse und Boretsch werden oft von Läusen befallen. Probieren Sie dagegen eine gezielte Anpflanzung von Schafgarbe. Lassen Sie ihre Blütenstände über den Winter als Quartier für die Marienkäfer stehen.

Florfliegen und Schwebfliegen, deren Larven sich von Blattläusen ernähren, leben von Pollen und Nektar. Blütenmischungen aus der Samentüte speziell für Nützlinge locken diese an, denn sie bieten ihnen Nahrung und Überwinterungsmöglichkeiten. Deshalb die Pflanzenreste erst im Frühjahr entfernen.

Häufige Krankheiten und Schädlinge

Rost an der Pfefferminze bei zu dichtem Stand. Hier hilft in erster Linie auslichten. Die Pflanzen bis zum Boden abschneiden, sie treiben dann wieder neu.

Mehltau an Boretsch bei zu dichtem Bestand. Auch hier hilft Auslichten und Rückschnitt. Eventuell an anderer Stelle neu aussäen.

Schnecken können in regnerischen Sommern zur Plage werden. Sie lieben vor allen Dingen Basilikum, aber auch die Austernpflanze.

Das hilft gegen Schnecken:
• Umgeben Sie die Kräuter mit Schutzpflanzen, zum Beispiel mit Stecklingen von Salbei und Lavendel, Kerbelpflanzen, Steckzwiebeln, Thymian als Beeteinfassung.
• Aussaaten mit Steinmehl überpudern. Das hält gleichzeitig Läuse und Erdflöhe fern, und die Kräuter wachsen kräftig. Nach Regenfällen erneuern.
• Boretsch als Mulchmaterial um die gefährdeten Kräuter legen. Schnecken mögen keine behaarten Blätter.
• Absammeln in den Abendstunden ist eine sehr wirksame Maßnahme. Sie können auch nächtliche Ausflüge mit der Taschenlampe unternehmen.
Mein Tip: Verwenden Sie kein Schneckenkorn, denn mit den Schnecken fallen ihm auch viele Nützlinge zum Opfer.

Kräuter ernten

Regelmäßige Ernte den ganzen Sommer über ist bei vielen Kräutern wichtig, denn der Schnitt hält die Kräuter gleichzeitig in Form.

Bodennah abgeschnitten werden Melisse, Minze, Estragon.

Triebspitzen werden abgenommen von Rosmarin, Thymian und Salbei. Dies kann regelmäßig während der ganzen Saison geschehen. Es

fördert gleichzeitig das buschige Wachstum und läßt die Kräuter nicht ausufern.

Der richtige Erntezeitpunkt. Die meisten Kräuter werden kurz vor der Blüte geerntet. Ausnahmen sind Kräuter wie Lavendel oder Kümmel, bei denen Blüten oder Samen genutzt werden. Am besten ist der späte Morgen an sonnigen Tagen, sobald der Morgentau abgetrocknet ist.

Kräuter konservieren

Trocknen. Die einfachste Methode, Kräuter zu konservieren, ist immer noch das klassische Trocknen an der Luft. Dabei werden einige Stiele einfach gebündelt und kopfüber an einem nicht zu hellen, aber warmen und luftigen Platz aufgehängt. Ideal sind Hausflur, Diele, Boden und Keller. Wenn die Kräuter rascheltrocken sind, streift man die Blätter von den Stengeln und bewahrt sie bis zum Gebrauch in dunklen Schraubgefäßen auf. Heben Sie Kräuter möglichst nicht länger als ein Jahr auf, also nur von Ernte bis Ernte.

Beim Trocknen im Backofen oder in einem Trockenapparat darauf achten, daß nie mehr als 35 °C erreicht werden. Die ätherischen Öle verflüchtigen sich bei zuviel Wärmeeinwirkung.

Den Duft der Kräuter genießen – zum Beispiel auf einer Bank mitten unter ihnen.

<u>Einfrieren.</u> Besonders dafür geeignet sind Basilikum, Dill, Petersilie und Schnittlauch für die Küche, Minze und Melisse für Tees.

<u>Einlegen in Öl und Salz.</u> Basilikum, aber auch andere Kräuter wie Schnittlauch und Petersilie eignen sich gut für Kräuterwürzpasten. Kleingehackt mit Öl und Salz vermischt, halten sie sich im Schraubdeckelglas mehrere Monate. Die Kräuter müssen immer ganz mit Öl bedeckt sein, damit nichts schimmelt. Auf 100 g Kräuter rechnet man 1 Teelöffel Salz. Auf diese Art eingelegte Kräuter eignen sich gut für Pesto, Salatsaucen und Suppen.

<u>Einlegen in Essig und Öl.</u> Mit Kräutern lassen sich Essig und Öl aromatisch verfeinern.

Rezeptideen für jeweils 1/2 l Essig/Öl:
• Weinessig mit Basilikum und 1–2 Knoblauchzehen.
• Essigessenz (verdünnt) mit 1–2 Zweigen Estragon.
• Olivenöl mit je 1 Zweig Rosmarin, Salbei, Thymian und 1–2 Knoblauchzehen.
• Sonnenblumenöl mit 3–4 Blättchen Lorbeer und 2 Teelöffeln Koriander.

Essig mit Kapuzinerkresse-Blüten würzt Salate.

Sahnige Kartoffelsuppe serviert mit Kräutern und eßbaren Blüten.

Vom Nutzen der Kräuter

<u>In der Küche</u> lassen sich Kräuter vielseitig einsetzen:
• als Salatkräuter,
• zum Würzen von Fleisch-, Fisch- und Gemüsegerichten,
• zum Aromatisieren von Essig und Öl,
• zum Würzen von Quark und Butter,
• zum Dekorieren von Gerichten, auch von Desserts.
<u>Für Gesundheit und Wohlbefinden</u> sind Kräuter unentbehrlich: frisch wegen ihrer Vitamine und Mineralstoffe, getrocknet als Kräutertees oder Badezusätze wegen ihrer vielfältigen Inhaltsstoffe.
<u>Als Dekoration</u> schmücken frische oder getrocknete Kräuter das ganze Jahr über als bunter Kräuterstrauß in der Vase, als Tischdekoration, als Duftpotpourri.

Kräuter in der Küche

<u>Alle Salate</u> werden durch ihren aromatischen Geschmack, ihre Vitamine und Mineralstoffe bereichert.
• Minze und Melisse zerkleinert oder als ganze Blätter dem Salat untermischen.
• Pimpinelle kann ebenfalls ganz oder zerkleinert verwendet werden.
• Kerbelblättchen im Salat geben einen würzigen Geschmack.

• Die Austernpflanze (→ Foto, Seite 21) mit ihren blaubereiften Blättchen läßt jeden Salat fast exotisch wirken. Mit feinen Lachsstreifen als Vorspeise vor einem festlichen Essen ist sie eine Besonderheit.
• Der kresseartige Geschmack der Salatrauke ist pikant in Salaten, Saucen. Jung ernten!
Tomaten eignen sich als Basis, um sich durch die Vielfalt der Kräuter durchzuprobieren. Einfach Tomaten in Scheiben schneiden, kreisförmig auf einem Teller anrichten und mit gehackten Kräutern bestreuen. Empfehlenswert sind Basilikum, Estragon, Fenchel, Oregano und Bohnenkraut. Zusätzliche Würze geben grobgemahlenes Meersalz und schwarzer Pfeffer, am besten im Mörser zerrieben.
Kräuterbutter wird mit einer Mischung frischer Gartenkräuter besonders aromatisch. Versuchen Sie einmal Kräuterbutter »Quer Beet« mit reichlich Pimpinelle, Schnittlauch und Petersilie, dazu etwas Weinraute, Salbei, Eberraute, Estragon, Ysop und Zitronenthymian. Die Kräuter waschen, trocknen und mittelfein hacken. Mit Kräutersalz und zimmerwarmer Butter verkneten. Diese Kräuterbutter läßt sich gut einfrieren. Schmeckt hervorragend zu Baguette, aber auch zu kurzgebratenem Fleisch.

Wichtige Kräuterregeln

• Nur die Kräuter und Blüten verwenden, die Sie ganz sicher kennen.
• Kurz vor der Blüte ist der Gehalt an Inhaltsstoffen in den Kräutern am höchsten.
• Kräuter möglichst erst kurz vor dem Essen pflücken und zubereiten.
• Kräuter nie zu fein schneiden, die wertvollen ätherischen Öle gehen dadurch verloren.
• Heilkräuter enthalten viele wirksame Inhaltsstoffe, deshalb nie überdosieren.

Küchenkräuter dürfen reichlich genutzt werden.
• Kräutertee als Heiltee kurmäßig (das heißt, 3 – 4mal täglich) nicht länger als 4 Wochen trinken. Mischkräutertees, auch täglich, dürfen Sie über einen längeren Zeitraum verwenden. Günstig ist es, die Kräutermischungen häufiger zu variieren.
• Vorsicht mit Kräutern während der Schwangerschaft (→ Kurzbeschreibungen der unterschiedlichen Kräuter, Seite 14 – 25).

Kräuterquark läßt sich nach demselben Rezept herstellen, doch sollten Sie in diesem Fall noch eine kleingehackte Schalotte dazufügen.
Kräutersuppen können je nach Zutaten immer wieder anders schmecken. Besonders lecker ist eine Kerbelsuppe, aber auch Mischungen von unterschiedlichen Kräutern sind gut.
• Grundrezept: 1 bis 2 Schalotten in Butter andünsten, mit heißer Gemüsebrühe auffüllen, gehackte Kräuter zugeben und kurz aufwallen lassen. Mit Sahne verfeinern.
• Nicht alltäglich ist eine feinpürierte Kartoffelsuppe, in die frische gehackte Kräuter eingerührt werden. Mit Blüten garnieren.

Süßspeisen lassen sich ebenfalls mit Kräutern verfeinern. Zu den »süßen Kräutern« zählen Zitronenthymian, Melisse, Minze, Basilikum, aber auch Süßdolde und Engelwurz. Hier einige Rezeptvorschläge:
• Kirschmarmelade mit feingehackter Minze,
• Brombeergelee mit Basilikum,
• Pfirsichkompott mit Ysop.
• Stachelbeer- oder Rhabarberkompott wird milder durch Blättchen und fein gehackte Stengel der Süßdolde. Nur kurz mitkochen.

Kräuter für Gesundheit und Wohlbefinden

Frisch gepflückt und zubereitet sind Kräuter eine wichtige Nahrungsergänzung in der gesunden Küche. Denn in ihnen sind neben Eiweiß, Vitaminen und Mineralstoffen auch natürliche Bitterstoffe sowie bakterienhemmende Wirkstoffe enthalten. Sie regen Verdauung und Hormonproduktion an, fördern die Wundheilung und steigern ganz allgemein die Abwehrkräfte.
Wichtig: Diese heilsamen Stoffe werden, wie viele Vitamine, beim Erhitzen zerstört. Deshalb möglichst täglich Kräuter frisch nutzen!

Kräuter im Tee

Frische Kräuter im Tee schmecken unvergleichlich viel besser als getrocknete. Frieren Sie doch einen kleinen Vorrat an Teekräutern ein. Besonders Minze und Melisse sind eingefroren für Tee fast so gut wie frisch.
Für Kräutertee mit frischen Kräutern rechnet man 3 Teelöffel zerkleinertes Kraut pro Tasse. Nimmt man getrocknete Kräuter, wird nur ein Teelöffel pro Tasse benötigt. Mit kochendem Wasser aufgießen und 10 Minuten ziehen lassen.

Kräuter als wirksamer Badezusatz

Werden die getrockneten Kräuter über den Winter nicht vollständig verbraucht, können Sie sie noch für ein wohliges Bad nutzen und folgendermaßen damit verfahren:
• Melisse wirkt entspannend.
• Rosmarin ist erfrischend und belebend.
• Oregano und Thymian wirken vorbeugend und lindernd bei Erkältungen.
Mein Tip: 50–100 g getrocknete Kräuter einfach in einen Leinenbeutel geben und in die Badewanne hängen. So geraten keine Kräuterkrümel ins Wasser.

Duftende Kräutersträuße

Frische oder getrocknete Kräutersträuße können Sie durchs ganze Jahr begleiten.
• Frisch halten sich besonders gut Estragon, Engelwurz, Fenchelblüten, Weinraute und Johanniskraut. Die kräftigen Engelwurz-Blätter geben eine gute Basis für viele Sträuße.
• Zum Trocknen geeignet sind Salbei, Santolina, Schafgarbe, Johanniskraut, Weinraute (Samenstände) und Kamille.
• Rosen und Kräuter sind in der Vase ebenso gute Partner wie im Beet. Wildrosen und ihre Hagebutten harmonieren gut mit rustikalen Kräutern. Blühender Wermut wirkt mit weißen Rosen hingegen sehr edel.
• Samenstände von Knolau, Winterhecke und Schnittlauch sind so schön wie Zierlauch und fügen sich durch ihre kugelige Form besonders gut in rundgebundene Sträuße ein.
• Rustikale Vasen passen sehr gut zu Kräutern. Aber auch klassisches Weiß oder farbige Glasvasen sind schön. Arrangiert in Körben wirken Kräuter ganz ländlich schlicht. Sie stehen dort in einem mit Wasser gefüllten Glas.
• In der Küche können die Kräuter, die zum Kochen benötigt werden, ebenfalls dekorativ untergebracht werden. Ein dicker Würzstrauß aus Petersilie, Pimpinelle, Minze, Oregano, Kapuzinerkresse und Schnittlauch sieht in einer bauchigen Vase zum Anbeißen aus.
Mein Tip: Auch als Gastgeschenk eignet sich solch ein Strauß aus dem eigenen Garten. Zusammen mit einem Rezept für einen Salat mit Kräutern, einer Salatschüssel und dem passenden Öl und Essig ein gebrauchsfertiges Geschenk!

Blütenschönheit in Eis – himmelblaue Boretschblüten in Eiswürfeln zum sommerlichen Campari-Soda.

Kräuterduft für den Winter

Ganz groß in Mode sind Duftmischungen, sogenannte »Potpourris«, aus getrockneten Blüten und Kräutern. Es gibt sie inzwischen überall fertig zu kaufen, reizvoller und individueller ist es aber, die eigene Mischung herzustellen. Hier mein Rezept für ein »Potpourri Kräutergarten«:

• 1 Liter getrocknete Kräuterblüten und -blätter, zum Beispiel Lavendel, Rosmarin, Minze, Melisse, auch Rosenblüten und -knospen, in einem Litermaß abmessen.
• Getrocknete Zitronenschalen, Ringelblüten und Kamillenblüten zufügen.

• Je 1/2 Teelöffel Zimtpulver, Engelwurzsamen, Koriander und Gewürznelken im Mörser zermahlen.
• 25 g Veilchenwurzelpulver (aus der Apotheke) zum Fixieren, dazu ein paar Tropfen Rosenöl und Lavendelöl mit den übrigen Zutaten in einem Gefäß gründlich vermischen.
• 4 Wochen ruhen lassen, dann in Schalen verteilen.

*K*räuterstrauß
in allen Farben –
gelbe Ringel-
blumen, lilafarbe-
ne Ähren der
Apfelminze,
orangefarbene
Kapuzinerkresse-
Blüten mit gelben
Dolden von
Fenchelblüten
sowie Salbei-
und Engelwurz-
Blättern.

Sach- und Pflanzenregister

Die **halbfett** gesetzten Seitenzahlen verweisen auf Farbfotos und Zeichnungen. Auf den mit * gekennzeichneten Seiten finden Sie Beschreibung und Pflegehinweise zur jeweiligen Pflanze.
U= Umschlagseite

Paradiesisch leben.
Mit GU.

Ob kleines Usambaraveilchen, riesige Palme oder edler Rosenstrauch – so richtig grünt und blüht es im Zimmer, auf dem Balkon und im Garten nur dann, wenn Sie auch die Ansprüche Ihrer Pflanzen kennen.

Das nötige Wissen über Kauf, Pflanzung und Pflege vermitteln die

- GU Ratgeber Zimmerpflanzen
- GU Ratgeber Balkon und Terrasse
- GU Ratgeber Garten.

3-7742-2166-9

3-7742-2668-7

3-7742-2656-3

3-7742-2321-1

3-7742-2643-1

Weiterführende Literatur

Pahlow, M. : *Das große Buch der Heilpflanzen.* Gräfe und Unzer Verlag, München
Kreuter, M.-L.: *Kräuter und Gewürze aus dem eigenen Garten.* BLV Verlagsgesellschaft, München
Phillips, R./Foy, N.: *Kräuter.* Droemer Knaur, München
Teubner, Ch.; Schönfeldt, S.; Gerhardt, U.; Rühlemann, D.; Witzigmann, E.: *Kräuter und Knoblauch.* Teubner Edition, Füssen

Zeitschriften

Flora.
Gruner+Jahr AG & Co., 20444 Hamburg
Kraut & Rüben.
BLV Verlagsgesellschaft mbH, Lothstr. 29, 80797 München
mein schöner Garten.
Burda Senator Verlag GmbH, Postfach 77602, 77652 Offenburg

Bezugsquellen für Kräuter

Kräutergärtnerei Otzberg Kräuter, Burghart Koch, Neuweg 11, 64853 Otzberg-Lengfeld
(zum Teil seltene Kräuter, Versand)
Kräutergärtnerei Daniel Rühlemann, Am Himpberg 32, 27367 Stuckenborstel
(Etwa 200 zum Teil seltene Kräuter, Versand)
Blauetikett Bornträger GmbH, Heil- und Gewürzpflanzen, 67591 Offstein
(Versand)
Sortiments- und Versuchsgärtnerei Simon (Inh.: Werner Simon), Staudenweg 2, 97828 Marktheidenfeld
(Seltene Stauden, Kräuter, Versand)
Piet Oudolf, Gärtnerei, Broekstraat 17, 6999 DE Hummelo, Holland (Verkauf und Schaugarten)

Wichtig: Die Adressenliste erhebt keinen Anspruch auf Vollständigkeit. Bitte fügen Sie bei Anfragen stets einen frankierten Rückumschlag bei.

Bekannte Kräutergärten zum Besichtigen

(bitte grundsätzlich vorher anmelden)
Madeleine van Bennekom, Zuiverseweg 4, 4357 EB Domburg, Holland
Ineke Greve, Huys de Dohm, De Doom 50, 6419 CX Heerlen, Holland
Familie Poley, Slot der Nisse, Dorpsplein 25, 4443 AE Nisse, Holland
Patricia van Roosmalen, St. Pieter 24, Oud Rekem, Belgien

Dank

Fotografin und Verlag danken folgenden Gartenbesitzern, Gärtnereien und öffentlichen Einrichtungen für ihre Unterstützung:
Staudengärtnerei Arends, Wuppertal
Madeleine van Bennekom, Domburg, Holland
Botanischer Garten, München
Familie Caesar, Herten
Ineke Greve, Heerlen, Holland
Familie Groenewegen, Beugen, Holland
Gruga Park, Essen
Familie Poley, Nisse, Holland

Wichtige Hinweise

In diesem Buch geht es um die Pflege und Verwendung von Kräutern. Die meisten der vorgestellten Arten sollten nicht im Übermaß verzehrt werden, doch einige Arten sind mit Vorsicht zu genießen. In den Kurzbeschreibungen (→ Seite 14–25) wird unter dem Stichwort »Warnung« auf Einschränkungen beim Verzehr hingewiesen. Einige der Pflanzen sondern hautreizende Stoffe ab. Auch darauf wird unter dem Stichwort »Warnung« bei den entsprechenden Pflanzen verwiesen. Wer empfindliche Haut hat oder unter Kontaktallergien leidet, sollte bei der Berührung dieser Pflanzen unbedingt Handschuhe tragen. Viele der vorgestellten Kräuter können nicht nur in der Küche, sondern auch für Heiltees Verwendung finden. Langzeittherapien mit Heilkräutern sollten aber nur unter Anleitung eines Arztes für Naturheilverfahren durchgeführt werden.

Kommt es beim Umgang mit Erde zu offenen Verletzungen, suchen Sie umgehend einen Arzt auf. Besprechen Sie mit ihm, ob eine Impfung gegen Tetanus (Wundstarrkrampf) erforderlich ist. Alle Dünge- oder Pflanzenschutzmittel, auch die biologischen, müssen unbedingt so aufbewahrt werden, daß sie für Kinder und Haustiere unerreichbar sind. Der Verzehr dieser Mittel kann zu gesundheitlichen Schäden führen. Außerdem dürfen sie nicht in die Augen gelangen.

Familie Rau, Bönen
  Westfalenpark,
Dortmund
  Westpark, München
Alderley Grange,
  Alderley,
  Wotton-Under-Edge,
  Gloucestershire,
  England
Hatfield House, Hatfield,
  Hertfordshire, England

Die Fotografen:
Die Fotos in diesem Buch stammen von Marion Nickig, mit Ausnahme von:
Marktanner: Seite 3 re.;
mein schöner Garten/
Groß: Seite 10;
Silvestris/Sauer:
Seite 5 re.;
Skogstad: Seite 43 re.;
Teubner: Seite U 1
(kleines Foto);
Zepf: Seite 45.

Die Fotos auf dem Umschlag:
Umschlag-Vorderseite: Schafgarbe und Lavendel.
Umschlagseite 2:
'Jackmans Blue', eine kompakte Weinrauten-Sorte, als Einfassung um ein Mittelpunkt-Rondell.
Umschlag-Rückseite: im Uhrzeigersinn v.l.n.r.
Pfefferminze, Ringelblumen und Lavendel, Oregano 'Aureum'

Redaktionsleitung:
Hans Scherz
Redaktion: Gisela Keil
Lektorat:
Renate Schilling
Produktion und Satz
(DTP): BuchHaus.
Gigler.GmbH
Zeichnungen:
György Jankovics
Umschlaggestaltung
und Layout:
Heinz Kraxenberger
Repro: penta repro
GmbH
Druck und Bindung:
Druckerei Appl,
Wemding

ISBN 3-7742-2125-1

Auflage 6. 5. 4.
Jahr   99

Kräutergarten
ein Fest
für alle Sinne

Bienen- und Hummelgesumm,
tanzende Schmetterlinge an
einem warmen Sommertag,
dazu der Duft der Kräuter, der
sich in der Sonnenwärme
intensiv entwickelt – ein Para-
dies, von Menschenhand
geschaffen. Hier läßt es sich
gut abschalten, entspannen
und träumen.

*Alderley Grange – ein Kräuter-
garten in England. Kugelige
Liguster-Bäumchen und ein mit
Kapuzinerkresse bepflanzter
Kübel setzen Akzente. Denn zarte
Blattstrukturen, feine Stengel und
zurückhaltende Blüten benötigen
einen Rahmen und eine Struktur,
um wirkungsvoll zur Geltung
kommen zu können.*